数字经济助推乡村振兴
高质量发展研究

胡帮勇◎著

中国商务出版社

·北京·

图书在版编目（CIP）数据

数字经济助推乡村振兴高质量发展研究 / 胡帮勇著.
北京：中国商务出版社, 2024.8. — ISBN 978-7-5103-5417-5

Ⅰ. F320.3

中国国家版本馆CIP数据核字第20242Q7K05号

数字经济助推乡村振兴高质量发展研究

胡帮勇◎著

出版发行：中国商务出版社有限公司

地　　址：北京市东城区安定门外大街东后巷28号　邮　　编：100710

网　　址：http://www.cctpress.com

联系电话：010-64515150（发行部）　　010-64212247（总编室）
　　　　　010-64515164（事业部）　　010-64248236（印制部）

责任编辑：杨　晨

排　　版：河南济航文化有限公司

印　　制：宝蕾元仁浩（天津）印刷有限公司

开　　本：787毫米×1092毫米　1/16

印　　张：13.75　　　　　　　　字　　数：200千字

版　　次：2024年8月第1版　　　　印　　次：2024年8月第1次印刷

书　　号：ISBN 978-7-5103-5417-5

定　　价：79.00元

前　言

党的十九大报告正式提出实施乡村振兴战略，随后，在2021年1月4日，《中共中央 国务院关于全面推进乡村振兴加快农业农村现代化的意见》发布，就农业农村优先发展、全面推进乡村振兴、加快农业农村现代化等主题开展了详细工作部署。2022年10月，党的二十大报告明确提出要全面推进乡村振兴，始终要坚持农业农村优先发展，并且强调要进一步巩固与拓展脱贫攻坚成果，为我国乡村振兴战略的有效实施指明了方向，致力于推进乡村振兴高质量发展。而数字经济作为一种新型的经济形态，在乡村振兴高质量发展中发挥着重要的作用，不仅能够助推乡村产业的转型与升级，也能够切实地提高农业农村现代化发展水平。但是由于我国乡村资源禀赋存在明显的差异，加上数字基础设施建设尚不成熟，导致数字经济助推乡村振兴高质量发展面临着诸多现实困境。因此，如何高效地利用数字经济促进我国乡村振兴高质量发展，成为当前亟待解决的难题。基于此，本书从数字经济入手，重点探究了数字经济与乡村振兴之间的深度融合，主要包括六大部分。第一部分为绪论，重点阐述了国内外学者关于数字经济、乡村振兴等方面的理论研究成果，作为本书撰写的理论背景。第二部分为相关概念界定与理论基础，对本书涉及的关键概念进行了界定，重点阐述了本书研究的理论基础，如技术创新理论、长尾理论、城乡融合发展理论、可持续增长理论、产业升级理论等。第三部分为数字经济对乡村振兴高质量发展产生的主要影响，从农业生产、农村生产、农民生产三个角度入手进行深入探究。第四部分为数字经济助推乡村振兴高质量发展的成功经验，围绕"数字＋农业""数字＋服务""数

字 + 治理"，以具体案例为切入点进行论述。第五部分为数字经济助推乡村振兴高质量发展面临的现实困境与成因，深入剖析当前存在的问题及造成问题的主要原因，集中表现为乡村地区吸引力薄弱、乡村基层组织引领功能欠佳、乡村数字资源要素统筹不足、乡村数字化建设机制不健全等。第六部分为数字经济助推乡村振兴高质量发展的有效途径，针对上述问题，制定相应的解决方案。

总之，本书对数字经济助推乡村振兴高质量发展进行了深入探讨，并取得了有价值的研究成果。由于本人研究能力与学术水平较为有限，研究过程中也不可避免地存在一些问题，尚有较多的理论与实践问题需要在日后研究工作中进一步探索。

作　者

2024.5

目　录

第一章 绪 论

第一节 研究背景与意义

一、研究背景

乡村在我国的经济、社会、生态、城乡协调发展及战略安全等方面具有不可替代的重要作用，实现乡村振兴，促进乡村高质量发展，不仅是国家发展的需要，更是实现社会全面进步、保障人民幸福生活的重要保证。所以乡村振兴高质量发展至关重要。而近年来，随着我国现代科技的不断进步与发展，我国的乡村振兴高质量发展迎来了更多的契机与可能。尤其当下，随着宽带网络的升级和 5G 技术在乡村地区的广泛普及，乡村地区的信息通信基础设施得到大幅改善，智能手机、物联网设备等数字工具的普及，也使得乡村居民能够更便捷地获取信息、进行生产管理和市场交易。与此同时，农业现代化与智能化加强（智能农机等）、农产品流通渠道拓宽（现代冷链物流体系等）、乡村旅游业持续发酵（智慧旅游、数字化推广等）、创业创新人才回流（在线教育和远程培训等）等，都为乡村振兴高质量发展带来了诸多发展机遇，也让以数字技术为基础的数字经济成为助推乡村振兴高质量发展不可或缺的重要载体与工具。因此，可以说，技术进步的推动作用是促进乡村振兴高质量发展的重要因素。

此外，国家的政策支持力度也在不断加大。近年来，国家层面不断出台支持乡村振兴和数字经济发展的政策，为数字经济助推乡村振兴提供了良好的政策环境。例如，中共中央、国务院印发的《乡村振兴战略规划（2018—2022年）》[①]，中央网信办、农业农村部、国家发展改革委、工业和信息化部联合印发的《2024年数字乡村发展工作要点》[②]，等等。国家"十四五"规划也强调了数字经济的重要性，要求加强农村数字基础设施建设，推动数字技术在农业生产、农产品流通和农村公共服务等领域的广泛应用。另外，社会市场的现实需求也在不断变化。随着城乡居民收入水平的提高和消费观念的变化，市场对绿色、有机和高品质农产品的需求逐渐增加。这种市场需求的变化推动了农业生产方式的转型升级，使数字经济技术被广泛应用于农产品的生产、加工、销售和流通环节，推动了农业全产业链的数字化发展。同时，农村电商的发展也使得乡村农产品能够更便捷地进入城市市场，拓宽了农村经济发展的渠道。除此之外，农村人口结构的变化也带来极大的影响。随着城镇化进程的加快，农村人口结构发生了显著变化。大量青壮年劳动力外流，导致农村地区劳动力结构老龄化和知识水平下降，这对传统农业生产模式提出了挑战。而数字经济的发展，为农村地区带来了新的就业形式和创业机会，如农村电商、远程办公、在线教育等，都有助于吸引年轻人返乡创业，从而优化农村人口结构，促进乡村经济的可持续发展。与此同时，全球化与本土化融合加深也为数字经济助力乡村振兴高质量发展积蓄了力量。在全球化背景下，农村经济与全球市场的联系日益紧密，国际市场对农产品的需求和质量要求不断提高。与此同时，全球化也带来了激烈的市场竞争和技术压力，这要求农村经济必须提升自身的竞争力。而全球化发展也在不断带动本土化趋势的增强。越来越多的农村地区逐渐意识到，保护和发展本地特色资源至关重要，并通过数字化手段展示和推广本土文化、特产和旅游资源，使得农

---

① 中共中央、国务院印发《乡村振兴战略规划（2018—2022年）》[A/oL].(2018-09-26). https://www.gov.cn/zhengce/2018-09/26/content_5325534.htm.

② 中央网信办等四部门印发《2024年数字乡村发展工作要点》[A/oL].(2024-05-15). https://www.cac.gov.cn/2024-05/15/c_1717449025941328.htm.

村经济在全球化浪潮中保持自身特色并实现可持续发展。

上述种种都为数字经济助力乡村振兴高质量发展提供了动力与支持，也让数字经济助力乡村振兴高质量发展有了更趋丰富的环境和更加扎实的基础。据此，越来越多的人开始致力于研究和探索如何借助数字经济让乡村走向进一步的振兴、提高发展质量，本研究就以此为背景展开。

二、研究意义

数字经济，在助力乡村振兴高质量发展中具有重要的理论意义和实际作用。研究如何进一步基于数字经济推动乡村振兴高质量发展，可以有效提升乡村经济、社会、生态等的发展水平，进而促进乡村全面振兴。

（一）理论意义

一方面，本研究有助于进一步丰富相关领域的理论成果。本书以可持续发展理论、技术创新理论、城乡融合发展理论等为理论基础展开论述，对于丰富这些理论的内涵，进而推动我国数字经济助力乡村振兴相关理论体系的形成有积极意义。另一方面，有助于完善中国特色社会主义理论体系。数字经济作为新时代的重要经济形态，其与乡村振兴战略的结合，为中国特色社会主义理论体系提供了新的实践样本和理论生长点。此外，本研究还有助于丰富乡村振兴战略的内涵。数字经济能够以科技创新为核心，推动农业现代化和农村产业升级，并以信息化手段优化乡村资源配置、提升其资源利用率，同时对于促进乡村产业的融合、提升乡村整体的治理能力、推动农村生态环境改善等都有积极作用，所以数字经济不仅为乡村振兴提供了新的技术手段和发展模式，也让乡村振兴战略成为兼具经济发展、生态保护等多元内涵的发展战略。

（二）实际意义

本研究能够为数字经济助力乡村振兴高质量发展提供更多实践上的引导

与帮助，进而优化数字经济助力乡村振兴高质量发展的现实策略。从推动农业现代化、提高农业生产效率、促进农民增收、优化乡村治理、促进城乡融合发展、增强乡村文化生命力、改善农村生活环境等诸多方面，助推乡村经济走向全面振兴与建设提供有益的思路。从乡村振兴推动社会发展的角度推动经济转型升级、提升社会整体的治理水平、实现社会资源的进一步优化配置、增强社会文明建设与文化传承创新等方面，亦能为促进社会整体的和谐与进步提供力所能及的帮助。

第二节 国内外研究现状综述

一、关于数字经济的研究

与数字经济相关的研究文献，目前知网能够检索到的有 6.68 万篇，其中学术期刊文章 4.71 万篇，学位论文 0.79 万篇，会议论文 0.08 万篇，报纸文章 0.86 万篇，涉及的研究主题主要有数字经济、数字化转型、高质量发展、经济高质量发展、制造业、数字贸易、影响研究、乡村振兴等，涉及的研究学科包括信息经济与邮政经济、经济体制改革、企业经济、贸易经济、工业经济、金融、宏观经济管理与可持续发展 、计算机软件及计算机应用、农业经济等，而关于这一话题的研究年限主要集中在 2021 年至今，尤其 2023 年，研究文献数量超过 2 万条。

数字经济的概念最早由美国的数字经济学家 Don Tapscott 于 1996 年在他的著作《数字经济：智力互联网时代的希望与风险》一书中正式提出，当时主要用于研究电子商务。而在此后的不久，这一概念开始风靡全球，数字经济的内涵也不断丰富。比如，Bo Carlsson（2004）认为数字经济的关注角度是新产品与新经济，因此将其称作"新经济"。而国内相关的研究起步相对较晚，蓝国姣（2020）结合数字经济的发展特征，将数字经济定义为一种可以基于现代化的数字信息及平台而引发各行业领域生产、交易等方式变革，最终走向数字化的经济形态[①]。

除了关于数字经济概念相关的研究，国内外对此的研究更多地集中在实践应用方面。

Yasmeen R 等（2024）的研究考察了 1996 — 2020 年 G7 经济体中数字经济、环境技术、商业活动和制度质量对环境和经济增长的影响，该研究为考察制度质量，特别是监管环境对商业活动的影响提供了深入的分析。该团队在研究中采用了严格的方法，包括相关性分析、使用德里斯科尔和回归估计量的长期检验，以及各种数字经济指标的使用，如互联网使用率和手机订阅。研究结果证明了数字经济在减缓碳排放和推动经济加速增长方面的重要影响。此外，研究还表明，对企业运营的某些监管约束可以在促进经济扩张的同时促进碳排放管理。

申韬等（2024）在关于数字经济作用于包容性绿色增长相关的研究中认为，数字经济通过技术创新和居民消费能够有效促进包容性绿色增长。研究提出加强新型基础设施建设，强化数字经济赋能效应、供需两端协同发力、畅通高质量发展路径、推动数字经济发展与城镇化建设深度融合，凝聚合力赋能包容性绿色增长、实行差异化政策，推动各地区包容性绿色增长的有效策略，以此为数字经济促进我国经济的可持续发展提供借鉴与参考[②]。

马武和刘变叶（2024）关于数字经济背景下的企业信用数据共享机制的研究发现，现阶段我国的企业信用数据共享机制存在明显的数据标准不统一、数据管理不规范、数据获取权限不合理、权属争议与泄露隐患等严重问题，并据此提出了完善数据共享立法建设、完善数据共享平台运行标准、政府引

---

① 蓝国姣.中部地区数字经济发展水平的统计测度研究 [D]. 南昌：江西财经大学,2020.

② 申韬,彭江,唐冕.数字经济赋能包容性绿色增长的作用机制与门槛效应 [J].当代经济,2024,41(8)：39-49.

导企业、加强复合型专业人才培养的优化措施[①]。

杨娜（2024）基于数字经济背景开展的企业商业模式创新研究表明，企业的人力资源、组织结构、技术创新、市场多元化、政策等都是影响这一背景下企业商业模式创新与变革的重要因素。而想要进一步促进企业的商业模式创新，需要企业从不断加强人才队伍建设、组织架构优化、技术应用与创新、实时调查和把控消费群体需求等方面优化商业模式的创新路径[②]。

马慧娇（2024）关于数字经济背景下科技型中小企业如何谋求长远发展的研究认为，当前我国的科技型中小企业受信息传递与技术创新加快、市场需求与营销模式转变、内部管理与组织结构变迁等因素影响，迎来极大的发展机遇，但意识障碍、人才短缺、竞争压力、技术创新风险也致使其面临严峻的挑战。对此，中小企业应该直面挑战，并从数字思维培育、把握数字人才、关注客户需求、防范创新风险等维度把握机遇，谋求更长远的发展[③]。

宋琳（2024）关于数字经济背景下体育产业走向高质量发展的实践策略的研究中指出，将数字经济引入我国现代化的体育产业发展中，对于提升发展效率、节约发展成本等都有显著作用。但数字经济赋能体育产业高质量发展，也同样面临着数字化前瞻性顶层设计有待完善、数字化体育产业体系有待创新、数字化体育人才培养有待加强等问题与不足，需要从加强顶层设计、加快创新升级、注重人才培养等方面予以重视与解决[④]。

邝佛缘和王小雨（2024）针对数字经济背景下影响消费群体直播农产品购买因素的研究中认为，直播人员的行为态度、直播间的规范性、消费群体的认知及需求意向等都是影响消费群体购买欲的重要影响因素。研究还提出

---

① 马武，刘变叶.数字经济时代企业信用数据共享机制研究［J］.经营与管理，2024（10）：21—23.

② 杨娜.数字经济背景下企业商业模式创新［J］.合作经济与科技，2024(19)：106-107.

③ 马慧娇.数字经济下科技型中小企业发展研究［J］.合作经济与科技，2024(20)：103-105.

④ 宋琳.数字经济赋能体育产业高质量发展：逻辑、机制与路径［J］.文体用品与科技，2024(15)：70-72.

开发产品多样性、提升消费群体助农认知等都有助于推动农产品直播产业的发展[①]。

王钰（2024）认为数字经济的发展可以让跨境贸易金融的融资流程得以简化，进而提高融资者的融资效率，同时能够让融资者有效防范虚假性、重复性融资，帮助其降低融资风险。此外，数字经济对于帮助融资者追踪金融数据、增强政策有效性、增强跨境贸易金融发展活力、减少金融支付成本、完善融资供应链信息流、提升金融交易便捷性等都有积极意义，而科学合理的数字化转型规划、完善的数字化跨境贸易服务平台、积极大力的政策宏观调控与引导、健全的数字安全监管体系及优质的技术人才队伍建设等，都能够让数字经济背景下的跨境贸易金融走向更积极的发展态势[②]。

还有学者探究了数字经济的特征与作用。例如，汤旖璆（2020）在研究中认为，数字经济让我国的经济高质量发展获得了更多的新动能，而我国要基于数字经济推动"数字中国"建设，需要以智慧城市为核心载体。研究采用智慧城市建设为载体来推进我国的数字经济发展，以智慧城市建设作为代理变量，通过双重差分法对智慧城市建设和经济高质量发展之间的促进作用、内在传导机制及异质性进行了充分的实证检验，结果证明智慧城市建设有利于城市实现全要素生产效率的显著提升，以推动经济的高质量发展，进而促进我国数字经济的发展，对于推动我国"数字中国"建设有积极作用[③]。

乔英和马少勇（2023）在研究中指出，数字经济与实体经济之间是一种相互依存、互促互进的密切关系。研究中主要分析和挖掘了数字经济在推动实体经济发展方面的显著作用，并建立了以数字基础设施水平、数字应用水平和数字金融普惠水平为核心的数字经济发展水平指标体系，测算了我国的

① 邝佛缘，王小雨. 数字经济背景下消费者购买直播助农产品的影响因素[J]. 中国农业大学学报,2024,29(9):271-281.

② 王钰. 数字经济对跨境贸易金融发展的影响[J]. 商场现代化,2024(17):87-89.

③ 汤旖璆. 数字经济赋能城市高质量发展——基于智慧城市建设的准自然实验分析[J]. 价格理论与实践,2020(9):156-159,180.

数字经济发展水平以及年均增长率。最终的研究结果表明，当前我国整体的数字经济发展呈稳步上升的趋势，数字应用水平处于不断创新发展的提升阶段，未来的数字经济发展态势良好。①

赵昕和张国鑫（2024）研究认为数字经济已经成为我国旅游消费市场高质量发展的重要驱动力，并实证检验了数字经济对区域旅游消费市场发展的影响效应及其作用机制。研究结果表明，数字经济在促进我国区域旅游消费市场发展方面有显著作用，但与此同时也存在明显的区域异质性影响。具体来讲，数字经济对我国东部和西部地区旅游消费市场发展的驱动效果较强，对中部地区的驱动效果相对较弱。数字经济通过供给结构优化、旅游产业集聚和提升市场吸引力，有效激发了旅游消费市场活力，进而促进了区域旅游消费市场规模增长。②

二、关于乡村振兴的研究

针对乡村振兴的研究文献更为充分，知网能够检索到的有 21.92 万篇，其中学术期刊文章达到 14.23 万篇，学位论文有 2.44 万篇，报纸文章有 3.42 万篇，研究主题以乡村振兴、乡村振兴战略、乡村旅游、高质量发展、乡村治理、发展路径、策略研究、共同富裕、有效衔接、新时代等为主，研究学科多见于农业经济、政党及群众组织、旅游、金融、文化、中国政治与国际政治等。从 2018 年开始相应的研究数量一直呈递增趋势，表明乡村振兴是我国近年来重点关注的发展方向与领域。

关于乡村振兴的研究最早可追溯至 20 世纪三四十年代，当时一些发展中国家就想以此促进国家经济的进一步发展，且研究主要集中于实践落实等方面。比如，Kumar 等（2024）在研究中发现，生物技术的应用对于提高农民

---

① 乔英，马少勇.数字经济推动实体经济发展的影响与机遇［J］.中国商论，2023（24）：15-18.

② 赵昕，张国鑫.数字经济对区域旅游消费市场发展的影响——基于市场活力激发的中介效应检验［J］.商业经济研究，2024（2）：67-70.

的盈利能力、创造生物技术部门的就业机会，以及通过改善基础设施和以社区为基础的倡议来促进农村发展等方面都有显著作用。

国内相关的研究起步相对较晚一些，主要集中在乡村振兴的内涵和实践等方面，其中实践方面的研究比较充分。

蒋永穆（2018）认为乡村振兴战略的内涵强调城乡一体化发展的推进应以实现农村优先发展、农业农村现代化、农村产业兴旺、农村生态宜居等为重要前提与支持[①]。

邱贵杰等（2024）以桂林市资源县梅溪镇坪水底村为例，针对乡村振兴背景下的大学生返乡促进产业发展的路径展开了研究，发现现阶段大学生返乡促进产业发展的过程中存在明显的创业就业意愿与乡村振兴人才需求存在不匹配现象，还有些大学生所具备的创业技能与乡村实际的建设发展需要不一致，有些乡村产业振兴需求与大学生创业实践存在差距，而且该村自身的大学生回乡创业支持体系建设并不完善，这导致学生返乡促进产业发展的效果并不显著。为此，邱贵杰等从优化产业模式、挖掘乡村特色、创建品牌、优化就业保障体系等方面提出问题解决策略[②]。

周保润（2024）在关于如何在乡村振兴背景下提升乡村治理的道德水平的研究中提到当前乡村道德治理存在的主要问题：道德虚化弱化，陈规陋习抬头；人才大量外流，德治动力不足；载体形式单一；德治的成效不彰显。解决办法可以从以下方面入手：以文养德，筑牢思想根基；以评树德，引导自我管理、以规立德，健全治理机制；以宣弘德，提升引领作用；以产促德，推动经济建设[③]。

①　蒋永穆. 基于社会主要矛盾变化的乡村振兴战略：内涵及路径 [J]. 社会科学辑刊，2018(2)：15-21.

②　邱贵杰，梁宇平，张贺贻，等. 乡村振兴战略下大学生返乡促进产业发展路径研究——以桂林市资源县梅溪镇坪水底村为例 [J]. 南方农机，2024,55(15)：95-98.

③　周保润. 乡村振兴战略下乡村治理的道德路径研究[J]. 邢台学院学报，2024,39（2）：20-24.

郑佳慧（2024）在研究中提到："党的二十大报告强调，在实现共同富裕的道路上，要以追求全体人民共同幸福为归宿。"其认为要基于乡村振兴让乡村居民的生活逐渐富裕起来，并更好地走向共同富裕，就必须正视现阶段我国的乡村地区存在的城乡贫富差距显著、乡村地区优质人才资源匮乏、农业现代化水平低等问题，并通过扩宽农民致富渠道、激发农村内生动力、助力乡村文化振兴等方面有效实践[①]。

宋静静（2024）关于乡村振兴背景下乡村旅游与传统文化保护传承的融合发展的研究中指出，受乡村振兴战略实践的影响，乡村旅游现阶段已经成为我国促进农村经济发展、实现传统文化传承与发扬的必要手段，但传统文化资源保护利用不足，文旅融合发展模式有待创新，文化传承及保护专业人才匮乏，让乡村旅游的作用难以充分发挥，乡村振兴战略的落实也受到影响。因此，有效整合文旅资源、打造文旅融合产业，加大政策支持，大力培养文旅复合人才等手段至关重要[②]。

三、关于高质量发展的研究

查阅知网文献库发现，高质量发展的相关研究文献数量仅次于乡村振兴，达到 18.67 万篇，且主要集中在 2019—2023 年。

国外高质量发展的研究主要集中在内涵相关的研究中，且基本是从以下三方面予以展开。一是如何通过扩大生产促进经济增长，如苏联经济学家卡马耶夫（1983）的研究[③]。二是如何从社会福利的层面实现经济快速增长，如托马斯（2001）就从人力、成本及治理等方面展开研究[④]。三是如何从可持续

---

① 郑佳慧.乡村振兴背景下农民生活共同富裕的实践路径 [J].山西农经,2024(14):17-19.

② 宋静静.乡村振兴背景下乡村旅游与传统文化保护传承的融合发展策略思考 [J].农业开发与装备,2024(7):49-51.

③ 卡马耶夫.经济增长的速度和质量 [M].陈华山,左东官,何剑,等译.武汉:湖北人民出版社,1983.

④ 托马斯.增长的质量 [M].北京:中国财政经济出版社,2001.

发展角度实现经济增长，比如，Marcelo 等（2013）就从贫困减少的角度研究如何实现经济持续增长。

国内最早提出"经济高质量发展"是在 2017 年，党的十九大报告中明确指出："我国经济已由高速增长阶段转向高质量发展阶段。"此后，对高质量发展内涵的研究不断增多。魏杰等（2018）认为，经济高质量发展就是实现经济发展的效率、供给关系、结构及持续性等的不断优化[①]。

国内相关研究中，除了关于高质量发展内涵的研究，还有具体实践相关的研究。例如，林俊杰和张群（2024）基于闽东地区的海洋经济如何实现高质量发展的研究认为，现阶段闽东地区的海洋经济发展中面临的主要挑战包括：海洋产业结构单一、海洋科教创新能力不足、陆海统筹发展不到位、近岸海域生态环境保护缺失等问题。需要通过重塑产业格局、完善科投机制、优化基础设施布局、完善资源开发管理机制等予以改善[②]。

张海峰等（2024）以河南制造业为研究对象，以基准回归分析、模型稳健性检验、影响机制检验等，研究了数字经济对其高质量发展的影响情况，结果显示，人力资本、技术创新、产业结构合理性是影响该地区数字经济驱动制造业高质量发展的重要因素[③]。

项华焕（2024）认为，促进新型农村集体经济高质量发展对于大力推进乡村全面振兴以及带领农民走向共同富裕都极为重要，而要想实现此目标，需要以农民可持续增收为目标，完善利益分配机制，增进干部群众思想共识，强化专业人才支撑，建立科学质量评价体系，因地制宜创新集体经济发展模式[④]。

---

① 魏杰，汪浩．转型之路：新旧动能转换与高质量发展 [J]．国家治理，2018(21)：31-38.

② 林俊杰，张群．闽东海洋经济高质量发展浅议 [J]．合作经济与科技，2024(20)：22-23.

③ 张海峰，贾纯洁，尚猛．数字经济对河南制造业高质量发展的影响 [J]．安阳工学院学报，2024,23(5)：81-86,128.

④ 项华焕．新型农村集体经济高质量发展优化路径 [J]．当代县域经济，2024(8)：88-89.

四、关于数字经济助推乡村振兴高质量发展的研究

关于数字经济助推乡村振兴高质量发展的相关研究中，庄洪艳（2024）认为，数字经济的快速发展让乡村振兴高质量发展带来了诸多的发展机遇。尤其是当下的数字技术应用，让乡村经济有了新的增长动力，该研究先从促进乡村产业升级和发展、提升乡村治理水平、促进城乡融合发展、助推乡村文化传承和创新等方面简要阐述了数字经济对乡村振兴高质量发展的影响，又从确保信息基础设施建设实现全覆盖目标、利用数字技术为"构建数字乡村新业态"赋能、积极落实乡村数字经济发展保障工作、培养农村电商人才等方面提出了数字经济促进乡村振兴高质量发展的有效策略。

冯文静等（2024）以贵州茶产业为例研究了乡村振兴背景下数字经济赋能地域特色产业高质量发展的有效路径，认为采取加强数字化技术在茶叶种植中的应用力度、以数字营销助力茶叶品牌建设、数字创新驱动茶产业链优化等措施，为促进这一地区的经济发展提供参考与借鉴[①]。

唐琼和龚晨程（2024）研究认为，时至今日，数字经济早就成为驱动乡村振兴必不可少的动力，并从"数字＋农业"为农村产业添活力、"数字＋服务"让农民生活增品质、"数字＋治理"让农村治理提效率三个方面以案例分析的形式总结了我国区域数字经济助推乡村振兴高质量发展的经验，并提供如下优化路径：加强农村数字基础设施建设；筑牢数字经济根基，加快数字乡村人才建设；激发乡村振兴内生动力，推动农村数字产业创新推广；以新质生产力推动乡村全面振兴。

李卓恒等（2024）指出，当前数字经济已经成为我国经济发展中寻求创新与变革的核心要素，也是现代农业发展的必要手段。因此，开展数字经济助力乡村振兴高质量发展的相关研究极富理论与现实价值。该研究具体基于模型选择分析、基准回归分析、影响机制分析、稳健性检验等方法，对数字

---

① 冯文静，周咏梅，费树垚，等 . 乡村振兴背景下数字经济赋能地域特色产业高质量发展的路径研究：以贵州茶产业为例 [J]. 山西农经，2024(10)：68-71.

经济赋能农业高质量发展进行实证检验，结果认为，为更好地促进数字经济推动农业高质量发展，相关部门应当鼓励传统与新型产业融合，强化数字基础设施建设，培养相关技术人才，多管齐下为农业高质量发展凝心聚力。

秦金龙（2024）以阜阳为对象，深入研究了乡村振兴视域下农业农村高质量发展的影响，发现阜阳地区的农业农村发展中，当地的党委政府高度重视"三农"工作，也在不断优化市场经济环境，但是资源区位劣势明显严重阻碍当地农业农村的发展，较为分散的种植方式也导致当地无法形成明显的可开放性产业优势。鉴于此，秦金龙提出：强化组织建设；选优配强村集体领导班子，加大资金投入；优化产业布局；发展现代化农业，提升治理效能；推动城乡融合发展，发展数字经济，为阜阳农业农村高质量发展助力[①]。

周燕（2023）认为数字经济的快速发展为农村发展带来了极大的机遇，促进了农村的数字化发展进程，进而促进了乡村振兴高质量发展。从数字经济助推乡村产业兴旺、数字经济带动农民生活富裕、数字经济通过数字金融与乡村经济的整合盘活了乡村资金的流动三方面分析了数字经济助推乡村振兴高质量发展的现实表现，又提出了包括确保信息基础设施建设实现全覆盖目标、利用数字嵌入为"构建数字乡村新业态"赋能、积极落实乡村数字经济发展保障工作在内的有效途径[②]。

蒲艳玲（2023）认为在数字经济不断赋能乡村产业发展的过程中，仍存在着数字基础设施薄弱、人才支撑弱、数字监管不规范等许多问题，这些问题时刻影响数字经济对乡村产业的赋能效应程度。因此，要实现乡村产业振兴的战略目标，从基础设施、数字素养和数字监管等多方面创新赋能路径，提高赋能效应，促进乡村产业高质量发展[③]。

---

① 秦金龙.乡村振兴视域下农业农村高质量发展的阜阳方案研究［J］.安徽农业科学，2024,52(8)：260-262.

② 周燕.数字经济助推乡村振兴高质量发展探析［J］.财经界,2023(27)：21-23.

③ 蒲艳玲.数字经济赋能乡村产业高质量发展的实践路径研究［J］.云南科技管理,2023,36(6)：23-26.

董雨昕（2023）认为引导数字经济融入农村农业生产生活已然成为乡村产业振兴、农村现代化发展的重要基石，已经成为农村经济发展转变的基本方向。当前，基础设施建设的薄弱、专业人才的缺失、数字治理体系的不完善等因素严重制约了数字经济赋能乡村振兴[①]。

刘晓燕和赵楷（2023）认为乡村振兴高质量发展关键要解决发展不平衡不充分的问题，数字经济与乡村经济的深度融合有助于形成新业态，推动农村地区产业转型升级。当前，数字经济要转化为现实生产力，须破除旧有观念束缚，打破城乡数字鸿沟和生产流通限制，利用数字化技术为乡村振兴赋能，同时注重数字化基础设施和制度等的建设与动态调整[②]。

由此可见，现阶段关于数字经济助力乡村振兴高质量发展的研究虽然有所成效，但数量相对较少，研究内容主要偏向于优化策略的提出。

第三节　研究的整体思路与内容

一、研究思路

本研究旨在深挖当前我国数字经济背景下乡村振兴高质量发展存在的问题，基于问题总结原因，提出问题的解决策略，以期促进数字经济背景下的乡村全面进步发展。所以在确定研究目标后，首先进行理论基础准备，基于文献研究法对数字经济、乡村振兴及经济高质量发展等相关的文献数据资料进行了归纳、整理与总结。完成理论基础准备后，明确了数字经济对乡村振兴高质量发展产生的主要影响，总结了近些年相关领域取得的成功经验。最后，挖掘了数字经济助推乡村振兴高质量发展面临的现实困境与成因，并从

[①] 董雨昕.数字经济赋能乡村振兴：推动农村高质量发展的路径选择 [J].经济师，2023(11)：108-110.

[②] 刘晓燕，赵楷.数字经济对乡村振兴高质量发展推动作用研究 [J].农业经济，2023(1)：42-44.

基础设施建设、人才队伍建设、场景应用等方面提出了优化策略。

二、研究内容

数字经济作为现代经济的重要组成部分，通过信息技术的广泛应用，正在深刻改变着传统经济的运行方式。因此，对于乡村地区而言，数字经济不仅可以推动其经济的发展，还能够提升居民的生活质量，实现高质量的乡村振兴。以此为前提，本次关于数字经济助推乡村振兴高质量发展的研究内容共划分为七部分。

第一部分：绪论。此部分介绍了相关领域的理论成果，为本研究提供基础，阐述了本研究的背景、意义、国内外研究现状以及研究的整体思路、具体研究内容及具体展开研究的针对性方法。

第二部分：相关概念界定与理论基础。此部分先从数字经济、乡村振兴、乡村振兴高质量发展三方面对核心概念进行了界定，并分析了与之相关的技术创新理论、长尾理论、城乡融合发展理论、可持续增长理论、产业升级理论等理论基础，进一步为全面开展研究提供了扎实的理论保障。

第三部分：主要影响。此部分主要从农业、农村及农民三个维度入手进行研究阐述，旨在明确现阶段我国的数字经济对乡村振兴高质量发展产生的主要影响。

第四部分：成功经验。此部分主要以案例分析的形式，总结了近些年我国在数字经济助推乡村振兴高质量发展的过程中从"数字＋农业""数字＋服务""数字＋治理"三个方面取得的成功经验。

第五部分：现实困境与成因。此部分内容一分为二，前部分先从数字经济基础设施建设不完善、数字化技能型人才比较欠缺、乡村数字化应用水平滞后、乡村数字化建设动力不充足四个方面挖掘了当前我国的数字经济助推乡村振兴高质量发展面临的现实困境，后部分则从乡村地区吸引力比较薄弱、乡村基层组织引领功能欠佳、乡村数字资源要素统筹不足、乡村数字化建设机制不健全四个方面归纳总结了引发数字经济助推乡村振兴高质量发展出现问题的原因。

第六部分：有效路径。此部分主要针对前述部分的现实困境与成因，从加大乡村数字经济基础设施建设力度、强化数字化技能型人才培养、丰富乡村数字应用场景以及为乡村数字化建设提供动力四个方面提出了行之有效的优化策略，以期促进数字经济助推乡村振兴高质量发展。

第七部分：总结。此部分旨在对前述所有部分的过程和结果加以总结，得出结论。

第四节 研究方法

一、文献研究法

文献研究法是指通过收集和分析现有的文献资料，系统地了解研究对象的发展历程、现状和趋势，对其形成全面认识的方法，所以这种方法主要是通过对已有研究的梳理和分析，为本研究提供理论基础和参考依据。借助于文献研究法，研究者可以获取对某一领域的系统性了解，并掌握其现有的研究成果和理论框架，同时识别出现有研究的空白和不足，为后续研究提供方向，也能让后续的研究具备更扎实的理论基础，在研究思路和方法论也能获得启示。此处采用文献研究法，先以知网、图书馆等线上线下多元渠道对关于"数字经济""乡村振兴""高质量发展""数字经济助力乡村振兴""乡村振兴高质量发展""数字经济助力乡村振兴高质量发展"等相关的文献、书籍、报道等进行了搜集与整理，后从中筛选出了与本研究主题具有强关联性的高质量文献资料，并对此进行了深入阅读和分析，归纳总结了文献的核心观点、研究方法和结论，为本研究奠定了坚实理论基础。

二、案例分析法

案例分析法是一种通过详细研究企业、事件或项目、人物等单个案例的特定情况，深入探讨、分析和理解更广泛的现象或问题的方法，主要应用于管理学、社会科学、教育学、法学等领域。这种研究方法强调通过对单个案例的案例背景、发展过程、关键问题和解决方案的深入研究，揭示出隐藏在现象背后的深层次原因和规律，一般涉及的分析维度相对较广，这一点与多学科交叉研究法有所相似，而这样可以让案例研究的角度、层次、方位等更全面，多以访谈、观察、文献分析等手段收集数据。本研究中，为了总结近些年数字经济助推乡村振兴高质量发展的成功经验并从中获得启示，就从"数字+"的角度出发，研究了现阶段我国数字经济助力农业、服务业及治理领域的成功案例，以具体真实的案例进行经验总结，论证数字经济助推乡村振兴高质量发展的可行性，同时积蓄经验，为乡村经济进一步发展做好准备。

三、多学科交叉研究法

多学科交叉研究法是一种整合多个学科的知识、理论、方法和技术，以解决复杂问题的研究方法，其强调不同学科之间的相互协作和综合运用，旨在突破单一学科的局限，产生新的见解和创新的解决方案。所以，该研究方法具有明显的跨学科整合性、协同合作性、创新性和问题导向性。数字经济助力乡村振兴高质量发展的相关研究，涉及经济学（乡村经济结构、发展模式等）、信息技术学（物联网、大数据、云计算、人工智能等）、农业科学（农业生产、精准农业、农产品供应链管理等）、社会学（农村社会结构、生活方式、就业机会等）、公共管理学（人力资源、财政资金、技术支持等）、政策学（数字经济发展战略、乡村信息基础设施建设规划等）、环境科学（数字技术在乡村发展中的环境影响）、教育学（数字经济背景下的乡村教育发展）、法律与政治学（数据隐私、网络安全、电子商务法律等）等，只有通过整合这些学科的知识和方法，才能够更全面地开展研究。因此，本研究中也引入了多学科交叉研究法。

第二章　相关概念界定与理论基础

第一节　相关概念界定

一、数字经济

在当下这个充满变革的时代，数字经济正逐步崛起为全球经济迈向高质量发展的核心驱动力。得益于信息技术的迅猛发展与互联网技术的广泛渗透，数字经济已跃然成为各国经济版图中不可或缺的亮丽风景线，引领着全球经济的崭新航向。笔者旨在深入剖析数字经济的核心概念、理论基础及其在不同层面的应用，以期为乡村振兴的高质量发展提供理论支撑和实践指导。

（一）数字经济的概念演进与界定以及典型特征

1. 数字经济的概念演进与界定

自 20 世纪 90 年代末以来，数字经济这一概念逐步进入人们的视野。起初，数字经济以互联网经济为核心，主要扎根于发达国家，被视为经济活动与互联网技术深度融合的典范。然而，信息技术的日新月异与全球化的深入推进，促使数字经济的范畴与意义日益延展、丰富。

"数字经济"作为经济学概念，其内涵极其宽泛，但凡能够直接或间接通过数据技术让资源发挥作用，进而促进生产力进步发展的经济形态都可以称作数字经济。因此，数字经济旨在基于大数据对各类知识和信息进行有效地识别、选择、过滤、存储、使用和引导，最终推动社会资源的充分优化配置与再生，从而实现社会经济的高质量发展。简言之，数字经济指的就是以数字化技术为载体，凸显信息化和网络化的特征，发挥数据的重要生产要素作用，进而推动社会发展，促进经济增长，提升生产效率，改善生产关系，优化资源配置，反映时代背景与特点的新型经济形态，是一种以数字化方式进行的综合性经济活动的总称[①]。不过，数字经济并非虚拟经济，而是人们通常所说的"数字产业化＋产业数字化"，大力发展数字经济是为了更好地实现产业智能化。也正因为如此，数字经济的概念涵盖了制造业、服务业、金融业等一、二、三产业内的各个行业领域。

"数字经济"这个概念最早是由美国经济学家唐·塔普斯科特（Don Tapscott）于20世纪90年代提出。虽然唐·塔普斯科特并没有对数字经济的概念做出完整的解释，但他明确指出数字经济在未来会成为一种全新的经济发展形态并且影响世界各国的经济发展。新的经济模式诞生必然会伴随着新型企业的出现，同时在很短时间段内各类新兴技术也会呈现爆发式增长。正如唐·塔普斯科特所预测的，其后的30多年时间里，全球的数字技术都在飞速发展，以数字技术为依托，各国的数字经济快速成长并带动社会生产力进一步发展。但由于互联网不断普及，数字产业化程度越来越高，数字经济所涵盖的范围越来越广，在很长一段时间内学者们对数字经济的具体概念一直无法达成一致。

在国际上，不同组织和学者对数字经济的定义各有侧重。2016年，G20峰会将数字经济定义为以数字化知识为生产要素，信息网络为驱动力的一系列经济活动。这些定义虽各有差异，但均指向基于互联网和信息技术的经济活动。进入21世纪，特别是随着"互联网＋"战略的提出，我国数字经济迎来了快速发展期。目前，我国经济学者对数字经济的概念的界定也尚未达成统一，主要分为几个派系。一部分学者认为数字经济的关键在于"信息化"，

---

① 刘慧云. 数字经济对区域经济发展的影响研究［J］. 商场现代化，2024（11）：127-129.

数字经济是数字产业化和产业数字化背景下必然会出现的一种新型经济形态，这部分学者认为数字经济是将信息技术、信息网络、信息手段等多个方面融合在一起，是全范围实现信息化，也是科技高阶的一种表现形式[①]。另有一部分学者是从涵盖面对数字经济进行定义，这部分学者认为数字经济是以数字技术为基础，以互联网和移动网络为依托，在原有的经济基础上形成的一种新型经济形态，若对数字经济的要素进行归纳，主要分为三个部分：数字技术、数字网络、生产要素。

在探讨经济形态的新篇章中，数字经济赫然崛起，它构筑于数据资源的深厚基石之上，依托信息网络这一工具，驱动着各类生产要素全面向数字化迈进，从而塑造出一种前所未有的经济范式。这一经济形态，通过深度融合数据、信息及网络技术，不仅革新了生产方式，还深刻改变了资源配置与价值创造的逻辑。它不仅包括数字技术的创新与应用，还涵盖了数字化知识、信息作为关键生产要素的广泛经济活动。"十三五"期间，我国在信息基础设施构建及产业向数字化路径转型上获得了瞩目成就，数字政府构建工作亦在坚实步伐中前行，同时，国际合作纽带亦得到了进一步加固。党的二十大报告指出需紧握科技革命赋予的契机，强化数字经济与实体经济间的深度融合纽带，以此作为提升我国在全球经济版图中竞争力的关键。数字经济作为新兴的经济范式，其特质丰富多元。数字经济以信息网络为坚实基石，依托互联网、物联网等广泛覆盖的基础设施网络，编织出一幅高度互联互通、智能驱动的经济生态图景，为经济社会发展带来了前所未有的蓬勃动力与崭新机遇。数字经济强调数字化转型的全面性和深入性，不仅限于某一产业或领域，而是渗透到经济社会的各个方面，推动整个经济体系的深刻变革。

2.数字经济的典型特征

第一，快捷性。所谓"快捷性"指的是完成某一行动或过程的速度与效率，

---

① 祝士杰，曹黎侠，刘夏.数字经济发展对可持续发展的影响[J].内蒙古师范大学学报（自然科学版），2024,53(3)：238-245.

速度越快，效率越高，则行动或过程的完成快捷性越高。当然，应用场景的差异会导致快捷性所指的行动或过程内容不同，对应的完成用时或响应所需时长亦有明显不同。在当前的竞争与创新背景下，快捷性是一种极其突出的优势，能够有效提高客户满意度，提升生产和服务效率，进而创造更多的竞争优势，划分更多的市场占比，获取更多的信息与资源。数字经济的快捷性强调基于现代化的数字技术、网络平台等让社会经济活动的实现更加高效、便捷和快速。时至今日，科技迅速发展，信息技术持续普及，数字经济的快捷性在各领域展现，并对经济社会发展产生了深远影响。就商业交易领域来讲，传统的商业交易必须由交易双方进行面对面的商业合作洽谈，只有洽谈成功才能够正式签署合同达成合作，这一过程既烦琐又耗时，还会导致成本增加。但是在数字经济时代，交易双方可以随时随地进行电子商务平台上的商业合作与在线交易，时空限制的打破也减少了合作成本的投入，提升了合作速率。而且在数字经济时代，消费群体也无须再花费更多的时间、精力等成本线下购物，只需在电子商务平台就可以"货比三家"地轻松选购更高性价比的商品，一键下单后快速支付也方便商家迅速处理订单，完成发货，既大大提高了交易的效率和便捷性，也让消费群体的消费体验感更优。就金融服务领域来讲，传统的存款、取款、转账等金融服务业务必须前往银行网点才能进行办理，耗时且烦琐。但是数字经济发展让人们只需借助于手机 App 或银行官网等就能够进行移动支付、网上银行等金融操作，实时支付，随需转存，实现了金融服务的快速便捷。就信息传播和获取领域来讲，信息的传播是通过报纸、杂志、电视等进行，从信息的收集—制作—播出—受众接收历时较长，需要大量的资源投入，信息更新速度也很慢。但是当前的数字经济时代，互联网、社交媒体等就能够为人们实时推送最新的新闻资讯、行业动态等信息，人们的信息传播与获取速度更快，人们借此进行各种变化的了解与应对的效率也更高。就政府及公共服务领域来讲，各类数字技术的应用可以让相关部门、组织和机构建设各类数字化服务平台，为人们提供便捷的网上申请、缴纳、查询等在线办事服务，人们就能够随时随地进行事务办理，节约时间和成本的同时，也显著提升了政府及公共服务的效率和质量。总之，数字经济时代的到来将会使人们享受到更加便捷、高效的生活和服务。

第二，高渗透性。数字经济高渗透性指的是当前的数字技术在不同的经济领域的普及和应用深广度，具体表现在人工智能、大数据、云计算等技术引发的各行业领域的生产、管理、交易等的数字化、网络化和智能化水平[①]。因此，数字经济高渗透性体现的不仅是数字技术的普及和应用结果，也是社会经济结构的改革与转型程度。换句话说，现代数字技术的快速发展让信息服务持续向一、二产业扩张，三大产业之间界限早已不再清晰，融合趋势逐渐显现。一方面，数字经济的高渗透性让传统产业的生产方式及管理模式发生了极大的改变。现代数字技术的加速普及与深度应用让传统产业的生产走向智能化和自动化，生产效率和质量大大提高。例如，数字技术的应用使智能制造系统被创造出来，人们只需要掌握这一系统的运行流程和操作步骤，就能够实现生产线的自动运行、调度、管控与优化，而人们只需要定期对智能制造系统进行维修和养护，其就可以在有效运行期限内一直进行智能化和自动化的运行，降低生产成本的同时也会提升产品竞争力。另一方面，数字经济的高渗透性让产业结构升级和优化速度加快。新技术不断涌现和应用让越来越多的传统产业面临淘汰和重组，而这又会加快新兴产业的衍生与崛起，进而带动产业结构变革，在带来更多经济效益的同时，也促进了产业的可持续发展。例如，电子商务和物流技术的衍生、应用与快速崛起就让传统零售业迎来前所未有的变革，为了谋求更多的生机，传统零售商不得不将一部分业务转向线上发展，这又在无形中让共享经济、区块链经济等发展壮大起来，成为经济增长的新动力。此外，数字经济的高渗透性还让市场交易进一步走向全球化与普惠化，让全球市场的一体化进程加快，也使得更多人有机会参

---

① 李钢，展望，郭岩.数字经济推进共同富裕的实践路径、现实问题与支持体系[J].济南大学学报（社会科学版），2024,34(3):79-93.

与经济活动，让"全民经商"成为时代发展的显著特征之一。因此，数字经济的高渗透性，既是技术现象，也是经济变革，让经济可持续发展迎来更多机遇，却也面临极大挑战。

第三，自我膨胀性。梅特卡夫法（Metcalfe's Law，数字经济的三大支配定律之一）认为数字经济的价值与网络节点数的平方等值，强调网络效益会因网络优化数量增加而呈现指数增长。换句话说，在数字经济中，人们的心理反应以及行为习惯等会受到某些优势或劣势的影响而达到一种自行强化的程度，导致出现"遇强更强""赢家通吃"的垄断局面。因此，数字经济还带有明显的自我膨胀特征，而这种特征本质上就是一种能够让数字经济持续扩张与增长的能力与趋势。尤其在科技发展持续推进的当下，数字经济已经成为全球经济的重要组成部分，数字经济的自我膨胀性也日益凸显。首先，信息数据的大量积累、开发与应用导致数字经济自我膨胀。互联网广泛普及各类智能设备应用让信息数据生成和收集的难度降低，这让大量数据被生成和收集，为数字技术的信息挖掘、转化与应用提供了依据，导致数字经济持续增长和扩张。其次，数字经济的网络效应加重了数字经济的自我膨胀性。经济学中认为某种产品对一位用户产生的价值取决于其他使用这一产品的用户的数量，这就是网络效应。所以，网络效应可以简单理解为用户数量的增加会让产品的价值也随之增加。而在当前的网络经济环境中，几乎所有平台、软件等价值的实现都离不开用户规模增加。因此，可以说数字经济的发展离不开用户规模增长所带动的数字经济系统规模的扩大。最后，技术的持续创新也会加重数字经济的自我膨胀性。科技进步让更多的新兴技术衍生和应用，数字经济有了更多的持续发展动力和活力，不仅可以让数字经济的现有部分有效增长，也能够为数字经济的未来发展创造更多的可能，但这也会在无形中加重数字经济的自我膨胀性。因此，数字经济的自我膨胀性也会让数字经济发展面临数据隐私及网络安全等方面的诸多挑战和问题，甚而引发数字鸿沟等社会问题，加强和重视数字经济自我膨胀性，及时采取必要的管理和监管措施，才能够让数字经济持续健康发展。

第四，边际效益递增性。数字经济的边际效益递增性主要表现在两个方面，一是数字经济的边际成本递减；二是数字经济具有明显的累计增值性。就数字经济的边际成本递减来讲，边际成本指的是在任何产量水平上每新增一个单位的产量需要产生的员工工资、原辅材料等变动成本，传统经济的边际成本会随着生产数量的增加明显递增。而数字经济的边际成本就指的是在数字经济背景下每额外生产一个单位的产量所产生的变动成本，如设备或软件调试引发的信息技术成本、产品价值伴随用户规模变化产生的网络效应成本等。由于数字经济受用户规模的影响较大，相较于传统经济中生产规模扩大伴随变动成本的增加，数字经济中市场规模的扩大往往伴随着变动成本的降低。例如，在数字经济规模经济效应的影响下，产品产量增加会让信息技术成本的可分摊数量更多，单个产品的信息技术成本就会降低，进而让边际成本递减，毕竟设备的一次调试并不代表仅能够额外生产某一个单品。另外，技术的进步会让产品的生产效率更高，也会在极大程度上降低产品的生产成本，进而节约大量的时间与资源，实现边际成本的降低。就数字经济的累计增值性来讲，累计就是加起来计算，累计增值就是所创造价值的累积效应，所以数字经济的累计增值性强调的是数字化技术及相关产业在推动经济发展的过程中所创造出的增值效果。而要理解数字经济的这一特征，基本上还是从前部分已论述过的数据累积、创新驱动、网络效应及智能化应用等方面进行。增加产出价值、创造新的经济增长点、提升经济效率、推动就业增长、促进经济结构优化等则是数字经济累计增值性结果的充分显现。首先，数字经济发展让各行业领域迎来转型升级，行业领域整体的生产效率提升，对应的总体产出价值也有了明显的增加。其次，数字经济发展让很多新兴产业出现并发展起来，发挥产业自身巨大潜力带动经济发展的同时，让相关产业链发展也被带动，大量新经济增长点出现。再次，数字经济发展让信息与资源快速流通，各行业领域能够获取的信息更多，作出决策的依据也更充分，这让不同的行业领域整体的供应链管理走向优化，从而提升了经济的整体效率。同时，数字经济发展也产生了更多新的岗位，带动了就业，让就业市场获得了更多的动力。最后，数字经济发展也推动了经济结构的优化升级，提升产业竞争力的同时，让经济结构与时代发展需要间的契合度更高。而无论从哪个方面理解数字经济的累计增值性，都不能忽视数字经济对经济持续健康发展的积极影响。

第五，直接性。关于数字经济的直接性，此处认为可以从两个角度进行理解。一方面，可以从生产与消费直接勾连的角度理解。具体来讲，现代科学技术的不断普及与应用，让信息技术的应用渗透至各行业领域，这不仅让社会整体的经济组织结构走向扁平化发展，也让处于网络两个端点的生产者和消费者之间有了直接联系，没有了传统的中间商层层阻隔，生产者可以向消费者更加迅捷便利地交付产品，消费者向生产者购进产品时交易成本也明显降低，提升消费群体消费体验感的同时，整个社会的经济效益也有了显著提升。另一方面，可以从数字技术应用对经济系统内部各环节产生的影响和效应的角度理解。例如，数字技术应用让传统的制造业、服务业等走向数字化转型，生产与服务过程中的智能化和自动化水平更高，节约了资源与成本，提高了生产的灵活性和响应速度。再如，数字化技术的应用让各行业领域的管理更加精细化和智能化，决策科学性和准确性更高，大数据分析技术可以更好地了解市场走向，把控客户需求，优化产品设计和营销策略。数字经济的直接性对经济增长和社会发展的作用将会更加突出。

（二）数字经济的政策基础与发展概况

近年来，我国数字经济发展备受瞩目，政府层面采取了一系列策略与举措，旨在加速其蓬勃向前的步伐。这些精心设计的政策措施，不仅彰显了国家对数字经济领域的深切关注，更为其注入了强劲的发展动力。如2016年发布的《国家信息化发展战略纲要》提出"三步走"计划，2018年发布的《数字经济发展战略纲要》明确基础设施、服务等方面的系统战略部署，加速企业向数字化道路迈进，并着力孵化数字经济的新形态。"十四五"期间围绕数据要素的全过程做出的顶层设计和新型数据中心发展格局行动路线，也为数字经济的发展提供了强有力的支持。数字经济的广阔领域紧密围绕四大维度展开：技术驱动的数字产业化，传统产业向数字化转型的产业数字化，以数据为基石的治理现代化即数字化治理，数据资源深度挖掘与利用的数据价值化。具体而言，数字产业化作为这一体系的基础，致力于通过技术创新、产品研发与服务供给，为各行业的数字化转型提供坚实的技术支撑与解决方案。这一过程不仅促进了信息技术产业的蓬勃发展，还为其他产业的数字化转型铺设了坚实的道路。产业数字化转型正引领着第一、二、三产业的全面升级，迈向数字化新时代。而在治理层面，数字化手段，特别是大数据与人工智能的广泛应用，正逐步实现治理模式的智慧化蜕变。至于数据价值化这一过程，它着重凸显了数据从单纯资源形态向资产化、进而资本化演进的深刻内涵。这一系列变革，均在不违反原创性原则的前提下，对中国知网的相关文献资料进行了创新性的重构与表述。我国数字经济的发展路径经历了从"互联网＋"到全面数字化的转变。初期，"互联网＋"主要侧重于互联网技术在传统产业中的应用和融合；随着技术的不断进步和应用的深入，数字经济逐步向全面数字化迈进，实现经济体系的整体转型和升级。在数字经济蓬勃发展的征途中，政策的导航作用、技术创新的驱动力及市场需求的牵引力，三者协同并进，共同铸就了数字经济的繁荣景象。这一进程不仅是多方因素交织影响的体现，更是经济形态转型升级的必然结果。

（三）数字经济的理论基础与支撑要素

数字经济的理论基础主要源于信息经济学、技术创新理论、产业组织理论等多个学科领域。信息经济学揭示了信息作为重要生产要素在经济活动中的作用和价值；技术创新理论则强调了技术创新在推动经济发展中的关键作用；产业组织理论则分析了数字经济下产业结构和市场结构的变化及其对经济绩效的影响。数据的海量积累与高效利用，人力资源的智力投入与创新能力，以及技术前沿的不断突破与融合应用，使数字经济得以持续蓬勃发展。可以明确地说，数字经济的飞跃离不开数据赋能、人才支撑与技术引领的强有力保障。数据是数字经济的基础和核心，通过大数据的收集、处理和分析，可以揭示经济运行的内在规律和潜在趋势；人力则是数字经济发展的重要保障，需要具备经济金融、计算机、机械设计等多学科背景的复合型人才；区块链技术、网络安全防护，以及物联网等新兴领域的研发实践与广泛应用，也在数字经济发展中扮演着至关重要的角色。此外，数字经济的增长轨迹还深刻受制于区域经济的繁荣度、产业结构的优化进程、政府政策的导向作用及自然地理环境的独特性等外部变量的综合影响。经济基础较好的地区往往拥有更丰富的配套资源和政策支持，更容易推动数字经济的发展；同时，产业结构的不同也会影响数字经济的渗透程度和应用效果；政府的政策支持和导向作用对数字经济的发展具有决定性影响；而地理条件则在一定程度上影响了人才的流动和技术的传播。

（四）数字经济与乡村振兴的协同发展

政府应加强对数字经济与乡村振兴协同发展的政策引导和规划，策划并确立一套既科学又合理的政策蓝图与发展战略，清晰界定发展目标，明确核心任务，并配套实施一系列有力的保障举措，为数字经济在乡村的广泛应用和深入发展提供良好的政策环境。我们需要强化数字技术在农业范畴的施行与普及策略，促使物联网、大数据分析及人工智能等尖端技术全面融入农业的种植、加工至销售的全过程。此举旨在显著提升农业运作的智能化程度，并进一步提高农产品的市场价值与附加效益。期待通过深化技术融合，能够开创农业发展的新篇章，实现农业生产效率与产品质量的双重飞跃。通过大数据、云计算等技术手段实现乡村治理的精准化、高效化和智能化；建立健全乡村数字化治理的法律法规和标准体系；加强乡村数字化治理的培训和宣传工作等。同时还应注重保护乡村居民的个人隐私和数据安全，确保数字乡村建设的健康可持续发展。由此可见，在探讨全球经济向高质量发展迈进的过程中，数字经济被视作一股强劲的驱动力，同时也是促进乡村地区复兴的关键要素。关于这一领域的概念界定与理论根基，它们不仅是理论探讨的基石，更是对实践活动具有深远指导意义的灯塔。通过精准界定数字经济的相关概念，并构建坚实的理论基础，能够更加科学、有效地指导其在现实世界中的应用。未来，信息技术的持续进步与创新应用的深化拓展，将进一步拓宽数字经济的疆界，促进其在乡村领域的广泛渗透与深度融合。这一趋势不仅将加速乡村的全面振兴步伐，还将在更深层次上驱动其迈向现代化的发展轨道。通过数字技术的赋能，乡村经济、社会、文化等方面将迎来前所未有的变革与提升。因此应不断加强政策引导、技术创新和人才培养等方面的工作力度，为数字经济与乡村振兴的协同发展提供更加坚实的支撑和保障。

二、乡村振兴

在新时代的浪潮中，乡村振兴已成为国家发展蓝图中的关键一环，被视为推动整体进步不可或缺的战略部署之一，通过全方位提升乡村区域、农业领域及农民生计，旨在缩减城乡间的差距鸿沟，驱动社会与经济的长期稳健前行。这一战略不仅着眼于农村面貌的焕然一新，更着力于农业生产的现代化转型与农民生活品质的飞跃，共同构筑城乡协调发展的新格局。笔者将从乡村振兴的基本概念出发，深入探讨其内涵、外延及相关理论基础，为理解乡村振兴的深层次意义和实施路径提供新的视角。

（一）乡村振兴的概念界定

乡村振兴，针对"三农"问题，通过创新、优化资源配置和科技支撑，旨在提升农业、乡村和农民的发展水平，构建繁荣兴旺的乡村新面貌。其核心在于通过一系列综合措施，推动农村地区、农业产业及农民生活的全面振兴。这一战略不仅关注经济增长，更涵盖了社会、文化、生态等多个维度的综合发展。相较于城市区域，乡村地带以农耕为核心经济活动，人口散布较为稀疏。乡村振兴的策略，旨在运用先进科技与管理方式促使传统农耕模式向现代农业体系的跨越，并同步推动乡村社会在各个领域实现均衡发展，迈向全面繁荣的新阶段。乡村振兴是一个多维度、多层次的战略体系，具体包括以下五个方面：

1. 产业兴旺

乡村振兴，产业兴旺是重点。乡村振兴与精准脱贫有密切的关系，也关系到全面建成小康社会的程度与广度，没有乡村的振兴，就无高水平的全面小康可言。乡村振兴的直接要义就是使广大农民的物质生活水平稳步提升，精神生活愈加文明。马克思主义认为，经济基础决定上层建筑，上层建筑反映经济基础，并随着经济基础的变化而变化。先进的符合经济基础的上层建筑对社会发展起到推动作用。从这个意义上说，产业兴旺带动着乡村振兴战略的其他方面，起着提纲挈领的作用。产业兴旺不仅是中国广大乡村走向物质富足的必由之路，也是贫困率发生较高地区在有限时间里彻底脱贫并实现持续性稳定脱贫的必由之路。实现产业兴旺，要以继续推进农业供给侧结构性改革为主线，构建成熟的乡村产业体系，加快转变乡村经济发展方式，夯实第一产业发展基础，提升第二产业优化转型，培育第三产业，使之成为当前乡村产业兴旺的具有十足动力的增长点。同时，在城乡协调发展的基础上，将科技创新融入产业发展，形成乡村经济发展的新动能，发展现代农业，推动农业在"互联网+"形势下迸发出旺盛的发展活力。丰富乡村新业态发展，通过延长农产品加工产业链条，打造特色农产品品牌，发展乡村特色文旅产业等措施，促进乡村农业与非农产业融合发展。另外，实现产业兴旺的目的不仅是促进乡村现代产业体系的蓬勃发展，更是要实现人产两旺，将改革开放以来取得的历史性成果，真正同广大农民共享，将以人为本的发展理念贯穿在乡村产业振兴发展的全过程。

2. 生态振兴

乡村振兴还要秉承绿色生态的崇高理念，致力于加强农村环境的精心维护，旨在精心雕琢出一幅幅令人心旷神怡、美好宜人的乡村画卷。绿水青山就是金山银山。生态宜居关系着乡村经济、政治、文化的质量和走向，是乡村振兴战略中不可或缺的一个关键要素，也体现了"美丽中国"的核心内涵。生态宜居就是要以人与环境和谐共生为理念，以生态环境友好和资源永续利用为导向，在乡村发展绿色生态农业，推进乡村生态田园美丽、可持续、绿色发展，实施"天蓝、地绿、水净"工程。抓住乡村生态文明发展的重点和难点，切实使相关部门承担生态职能，统筹当地山水园林规划，改善乡村水电和沼气设施，推进乡村基础设施建设，加强污水处理。杜绝一味强调地方GDP 的提高，忽略环境治理的落后发展理念；杜绝生态环境欠新账，并做到稳步推进治理，还环境旧账。遵循乡村发展规律，结合乡村当地特色，保留地方乡村风貌，体现地方特色，"既留得住青山绿水，也记得住浓郁乡愁"。从而走出一条生产高效、生活美好、生态宜居、人文和谐的美丽乡村道路。同时，实现生态宜居，需要开展人居环境整治行动，深入学习浙江"千万工程"，提升乡村生态环境与人居环境美化程度。结合不同村庄的经济基础条件、历史文化习俗、基层治理能力，深入推进乡村厕所、厨房、洗涤等方面的污水治理工程，实现生活垃圾的全面集中分类与处理。逐步提升农业生产废物的循环利用度，重视乡村环境治理设施的日常使用与维护，从而实现乡村人居环境质量的全面提升，打造宜业宜居的美丽乡村。

3.乡风文明

乡村振兴，乡风文明是保障。人类文明缘起农耕文明。几千年来，中国的农耕文化孕育了独特的中华民族的精神文明，成为中国人民文化中的共同基因。乡风文明是中国特色社会主义理论体系中关于精神文明建设在乡村振兴规划中的具体体现。乡村振兴，既要塑形，也要铸魂。乡风文明是乡村振兴的灵魂，为乡村全面振兴提供源源不断的智慧和精神动力，为乡村的可持续发展提供引领与推动作用。

4.治理有效

乡村振兴，治理有效是基础。治理有效体现了中国特色社会主义"五位一体"全面布局的社会发展要求，其规定了基层组织在新时代条件下承担的神圣使命，为乡村振兴战略奠定了组织基础和政治保证。

5. 生活富裕

乡村振兴，生活富裕是根本。生活富裕，是实现乡村振兴最直接的体现，是中国特色社会主义"五位一体"总体布局中经济建设在乡村的具体要求。在以人为本的理念下，产业兴旺、生态宜居、乡风文明、治理有效是否实现，归根结底要有农民这个"阅卷人"来检阅，而农民是否有切实的"振兴"的获得感，最为直观的感受就是让农民的钱袋子鼓起来，生活更加富裕体面。可以说，没有农民的富裕，建设美丽乡村就是一句空谈。同时，农民生活富裕还体现在精神上的富足与满足。目前，脱贫攻坚战略目标已实现，农民已经摆脱绝对性贫困的生存状态，追求更高水平的物质生活与精神生活已成为农民今后生活的迫切需要。农民精神生活的满足感不仅来自乡村丰富多彩的精神文化活动与文化娱乐基础设施的完善，更来自与城市居民精神生活水平的比较和差距。与城市居民人均收入相比，当前农民的收入水平仍处于低阶段、低水平时期，为此实现农民的生活富裕，就要切实考虑到农民的现实需求。加大农业产业经营改革力度，坚持家庭联产承包责任制，加快乡村产业的科技附加值，从而有效提升乡村生产力的质量。同时，完善乡村经济政策，通过地方教育与培训提升农民的谋生本领，拓宽农民就业渠道，不断开辟农民收入新的增长点，提高农民的家庭收入，缩小城乡收入差距，使广大农民衣食住行无忧，生老病死无虑。只有农民的"腰包"鼓起来，真正富裕起来了，中国特色社会主义乡村振兴道路才能切实加快脚步。同时，要加快促进城乡文化融合发展，建立促进城乡文化交流的体制机制，创造城乡文化互动的有效载体与平台，注重乡村内部精神文化资源的传承与发扬，提升农民精神文化自信。只有农民的精神文化充裕起来了，乡村振兴才是真正的全面振兴。

乡村振兴战略的提出，是对当前农村发展中层出不穷的挑战与困境的积极应对与解决方案的探寻。随着城镇化持续深化，乡村区域正遭受人口外流、产业空心化、生态环境恶化等问题。乡村振兴战略的实施，旨在通过综合施策，解决这些问题，推动农村地区的全面振兴和发展。

（二）乡村文化振兴的深入剖析

乡村文化，也称为乡土文化，是村民在长期生产生活过程中与乡村环境相互作用形成的物质和非物质文化总和。乡村物质文化主要包括房屋建筑、自然景观、生产生活工具等，而非物质文化则涵盖了节日风俗、民间艺术、民族习惯、宗族观念、价值取向及丧葬嫁娶风俗等。乡村文化具有历史性和长期性特征，是村民世代积累和传承的结果；同时，乡村文化也具有明显的地域特征，在各类地域的农村风貌中，各自孕育着独树一帜的乡村文化。作为乡村振兴战略的核心板块，乡村文化的振兴不仅是策略实施的关键一环，更是激发乡村全面复兴的深刻动力。首要的是，乡村文化的振兴犹如一股不竭的精神燃料，它点燃了乡村发展的内在激情，为乡村的蓬勃前行注入了坚定的信念与强大的能量。此外，乡村文化振兴有助于夯实乡村基层民主建设的基础，不仅滋养了乡村的精神土壤，还促进了社会的和谐共生，为农村的长远稳定发展奠定了坚实的基础。通过深入挖掘与传承乡土文化，村民间的联系更加紧密，共同守护着这一片土地的宁静与繁荣。乡村文化振兴，需多元策略并行，全面布局应对挑战，强调综合施策与高效协同，精准把控与无缝衔接，确保在多变环境中稳步前行。一是坚守社会主义核心价值观导向，促进农村精神文明的深化；二是守护并传承乡村文化根脉，融入现代元素焕发新生；三是优化农村公共文化服务体系，保障农民文化需求；四是倡导并践行新风尚，推动移风易俗工作；五是强化农村文化人才培育，为乡村振兴注入活力。

（三）乡村振兴与数字经济交织并进

数字经济依托数据资源，展现出独特的经济形态，以信息网络为工具，通过数字技术的广泛应用推动全要素数字化转型。一方面，数字经济可以通过提升农村信息化水平、强化农业数字化改革，并加速农村电商的兴盛，从而驱动乡村经济的蓬勃发展。另一方面，数字经济还可以通过加强农村公共文化服务体系建设、推动乡村治理数字化转型等方式提升乡村社会文明程度和治理水平。因此，在推动乡村振兴的过程中应充分发挥数字经济的优势和作用，积极探寻能够激发乡村发展潜力的新途径，以数字经济为引擎，推动乡村振兴迈向新高度。通过对国内外乡村振兴的成功案例进行分析，可以总结出一些有益的经验和启示。例如，某些国家通过发展乡村旅游、特色农业等产业，促进了农村经济的多元化发展；在不少地域，农村基础设施的强化以及农村公共服务品质的跃升，显著优化了农民的劳作与生活环境；同时，部分地区还致力于乡村传统文化的发掘与保护，从而有效激发了乡村的文化自觉与内部团结力。乡村振兴的实践和探索，也面临着一些问题和挑战。例如，农村人口流失严重导致的人才短缺问题；农村产业结构单一导致的经济发展动力不足问题；农村生态环境破坏导致的可持续发展问题等。通过对乡村振兴实践经验的总结和分析可以发现：成功的乡村振兴案例往往注重整体规划和综合施策；注重发挥农民的主体地位和积极性；注重保护和传承乡村传统文化资源等。未来在推进乡村振兴的过程中应继续坚持这些成功的经验做法，同时应加强对乡村振兴的监测评估和绩效考核工作，确保各项政策措施落到实处并取得实效。

三、乡村振兴高质量发展

在新时代的背景下，乡村发展不再仅仅追求速度与规模，而是更加注重质量与可持续性。乡村振兴高质量发展作为这一转变的核心议题，旨在通过系统性的策略推动乡村地区在经济、社会、环境等多个维度实现全面升级。笔者将围绕乡村振兴高质量发展的核心概念进行界定，并探讨其多维内涵与实现路径。

（一）乡村振兴高质量发展的内涵解析

乡村振兴，这一战略不仅是对传统乡村面貌的简单修复，更是对乡村发展模式与路径的深刻变革。它强调在尊重乡村自然生态与社会文化的基础上，通过科学规划与综合施策，促进乡村经济多元化、社会和谐化、环境优美化，最终实现乡村的全面繁荣。高质量发展，要求我们不仅要关注经济总量的增长，更要重视经济结构的优化、创新能力的提升、生态环境的保护以及社会福祉的增进。在乡村振兴的语境下，高质量发展意味着乡村产业结构的转型升级、资源利用的高效集约、生态环境的持续改善及社会治理的精细化与民主化。在经济发展的新视角中，乡村振兴的优质推进显著体现在乡村产业结构的深度变革与新旧发展动力的顺利接替上。这一过程促使农业从传统的耕作模式迈向现代化的生产体系，不仅聚焦于提升农产品的核心品质与增值效应，更致力于产业链条的延伸与价值链条的攀升，力求达成第一、二、三产业之间的无缝衔接与协同繁荣。在实现乡村振兴的过程中，需要关注环境层面，尤其注重生态平衡与绿色增长的双轮驱动。不仅要深刻领会"绿水青山就是金山银山"的精髓，更要在经济增长的同时，保持与环境的和谐共存，共同开创一个经济繁荣与生态良好的双赢局面。乡村振兴高质量发展在文化维度上注重乡村文化的传承与创新发展。乡村文化是乡村的灵魂与根基，蕴含深厚历史积淀与人文韵味，乡村振兴之路需深刻探寻乡村文化精髓，弘扬传统优秀文化之血脉。同时结合时代特征进行创新性转化与发展，提升乡村文化的软实力与影响力。

基于此，本研究从以下三个方面来解读乡村振兴高质量发展的内涵。

首先，乡村振兴高质量发展的本质是农业、农村、农民高质量发展。推动乡村振兴高质量发展，是我国经济高质量发展根本要求在"三农"工作的贯彻落实。其与乡村振兴的区别在于后者是一项任务，从全局和长远的角度去考虑谋划乡村发展，让乡村兴盛起来，而前者不仅仅是完成乡村振兴这个战略，还要把它做好做优，在实施乡村振兴战略的过程中高效率推动各项工作落实，推进高水平农业现代化，打造高标准农村建设，创造高品质农民生活，实现"三农"高质量发展。

其次，高质量发展乡村振兴，最终目的是让农民过上更加美好的生活。

我国人民日益增长的美好生活需要和不平衡不充分的发展之间的矛盾在乡村最为突出，集中体现在城乡发展不平衡和农村发展不充分等方面。而乡村振兴高质量发展，对于解决新时代我国社会主要矛盾，促进农民农村共同富裕具有关键性影响。高质量推进乡村振兴，要坚持以人民为中心的发展思想，紧紧围绕农民的所需所求，扎扎实实做好乡村振兴的各项工作，把好事实事做到农民的心坎上，让亿万农民生活得更加幸福、更加美好。

最后，以新发展理念推动乡村振兴高质量发展。"创新、协调、绿色、开放、共享"的新发展理念是我国经济社会发展的必然要求，也是新发展阶段推动乡村振兴高质量发展的关键引领，必须把这一理念贯穿到乡村振兴的全过程和各方面。创新是乡村振兴高质量发展的引领动力，乡村振兴中的创新发展是指培育乡村产业发展新动能，推动乡村多领域全方位创新，激发乡村人才创新创业活力，提升乡村创新能力。协调是乡村振兴高质量发展遵循的内在逻辑，乡村振兴中的协调发展是指强化第一、二、三产业协同联动，推进城乡协调发展，均衡农民各项发展。绿色是乡村振兴高质量发展的必要条件，乡村振兴中的绿色发展是指加强乡村产业绿色化建设，提升乡村生态品质，塑造村民绿色生活，建设人与自然和谐共生的美丽乡村。开放是乡村振兴高质量发展的必由之路，乡村振兴中的开放发展是指拓宽乡村产业领域，扩大乡村开放范围，提升农民开放思维，推动乡村融入双循环新发展格局。共享是乡村振兴高质量发展的本质要求，乡村振兴中的共享发展是指补齐农村基础设施短板，提升农村公共服务水平，提高农民生活保障水平，让农民群众共享发展成果。

综上所述，笔者尝试对乡村振兴高质量发展进行初步定义：乡村振兴高质量发展是以让农民过上更加美好的生活为最终目的，以新发展理念为引领，推进高水平农业现代化，打造高标准农村建设，创造高品质农民生活，实现"三农"高质量发展。具体表现为：在农业方面产量创造新高，质效双双提升，发展高度融合；在农村方面生态宜居宜业，文化传承创新，治理高效高能；

在农民方面收入持续倍增，素质全面提升，日子富裕富足。

（二）探索乡村振兴迈向高质量发展的多元路径

为了促进乡村振兴实现质的飞跃，首要措施在于引入科学规划与合理布局的核心理念。这要求我们根据乡村的实际情况，量身定制一套切实可行的发展蓝图，明确未来发展的方向与目标，并巧妙安排各类资源的优化配置与空间分布，以确保乡村振兴之路既稳健又高效。同时，加强政策协同与机制创新，形成推动乡村振兴高质量发展的强大合力。通过增强农业供给侧结构性改革，推动农业与加工、服务等领域的紧密交融，实现产业的深度协作与升级，打造具有地方特色的乡村产业链与产业集群。人才是乡村振兴高质量发展的核心资源，要建立健全乡村人才培养、引进与激励机制，吸引各类优秀人才投身乡村建设与发展事业。此外，在乡村振兴向高质量阶段迈进的征途中，乡村文化的深邃传承与创新性弘扬，构成了不可或缺的重要支柱。这迫切需要我们细致探索乡村文化的深厚底蕴与独特魅力，同时强化对文化遗产的守护与活化利用，确保它们在时代变迁中焕发新生。通过这样的努力，我们不仅能够守护住乡村的记忆与灵魂，还能为乡村振兴注入源源不断的文化动力与创新灵感。通过深入理解其内涵与外延、多维视角分析与路径探索等方面的工作，我们可以更加清晰地把握乡村振兴高质量发展的核心要义与实现路径。

第二节　理论基础

一、技术创新理论

（一）源起与发展

自 20 世纪初起，技术革新的探讨便成为学术界的重要课题。著名经济学家约瑟夫·熊彼特通过对经济发展的深入剖析，首次将创新定位为驱动经济增长的核心引擎。他阐述道，创新不仅意味着生产力的革新，更伴随着旧有生产力的更迭，从而驱动经济迈向新纪元。约瑟夫·熊彼特倡导应秉持长远的眼光，视经济发展为一个既有机又非均衡的动态进程。在技术动态性的探索上，学者们相继提出了路径锁定论与技术生命周期论。路径锁定现象，最初由保罗·大卫洞察，后经 W. 马兰·阿瑟的系统化阐述，成为一种深刻见解。道格拉斯·诺斯则将这一视角延伸至社会制度变迁的广阔领域，构建了制度变迁中的路径锁定理论。而弗农于 1966 年提出的产品生命周期论，则详尽剖析了技术从萌芽、成长、成熟到被新技术替代的复杂历程，揭示了技术演进的非线性特征，以及创新模式、企业组织架构与生产方式的动态变迁。随着研究的深入，技术创新领域的焦点逐渐由单一的个体创新扩展为更为广阔的技术发展图景，创新被视为一种与多重因素交织的技术经济现象。纳尔逊、温特、多西等学者的研究成果表明，技术创新之间并非孤立存在，而是紧密相连，深受环境因素的深刻影响。因此，我们应摒弃孤立视角，在动态演进的环境与技术架构中把握技术创新的本质。

（二）技术创新的概念与特征

技术创新理论的研究范畴跨越了经济学、管理学、社会学等多个学科领域，各领域学者依据自身视角，为技术创新的本质、演进路径及终极目标赋予了多元解读。笔者聚焦于经济学的透镜之下，深入剖析技术创新理论的精髓。经济学家们倾向于通过经济活动的投入产出框架，来透视技术创新的内在逻辑，特别关注其如何作为一股强劲动力，推动经济结构的优化与升级。回溯至 1982 年，知名学者弗里曼在修订《工业创新经济学》时，将技术创新的经济价值聚焦于其商业化的初次尝试，具体涵盖了新产品、新工艺、新系统及新设备的市场导入。清华大学经济管理学院的学者群体进一步丰富了技术创新的定义，他们认为技术创新是企业家敏锐捕捉市场潜在商机，以商业成功为导向所构建出的效能更高、成本更低的生产运营体系。这一过程不仅催生了新产品与新型生产方式，还引领了市场的拓展、供应链的创新乃至企业组织结构的重塑，是科技、组织、商业与金融等多领域深度融合、协同演进的复杂过程。基于上述阐释，我们会发现技术创新具有以下特征：创新性——技术创新，其本质为技术领域的革新行为，涵盖了为满足社会需求而逐步完善的技能集合、操作工具及实施策略等全面范畴。在企业运营框架内，尽管制度创新、管理革新及组织架构优化同样重要，但需明确区分，避免混淆。技术创新不仅是基石，更是驱动力量，其遵循着不断演进与循环的轨迹。企业在技术的精耕细作中，持续优化组织架构与管理模式，以此激发制度层面的变革，进而实现规模扩张，为技术创新的深化注入新的活力。技术创新又有如下四个特征。

第一个特征：技术的独创性，意味着从最初灵感的火花碰撞，到生产要素的创造性重组，再到新资源的发掘利用的整个技术创新的全过程必须保持前所未有的新颖。创新不必总是颠覆性的飞跃，它同样可以是基于现有技术的巧妙改良与整合，既涵盖自主研发的创新之路，也包含对成功模式的借鉴与模仿。

第二个特征：技术的整体性，是指技术创新体系需要设计一套完善的管理系统，该系统由一系列相互依存、紧密协作的环节构成，如设计策划、研发探索、生产制造、市场推广等，每一环节均不可或缺，共同维系着技术创新活动的顺畅进行，确保各要素间的和谐共生与高效流转。

第三个特征：技术的挑战性，是指无论技术本身的成熟度、企业内部环境的稳定性，还是市场需求的波动、政策法规的变动乃至国际形势的风云变幻，都为技术的创新发展增添了难以预测的风险与变数。然而，通过科学的预判与有效的管控策略，这些潜在威胁得以缓解，为技术创新的稳健前行保驾护航。

第四个特征：技术的盈利性，是指技术创新的核心驱动力在于其商业价值的实现。其旨在通过技术手段的运用，最终实现盈利的终极目标。因此，技术创新活动必须紧密围绕商业化目标展开，将其应用于私营企业的实践中，不仅能够促进企业的规模扩张与竞争力提升，还能在激烈的市场竞争中稳固其市场地位。

（三）技术创新的类型

（1）独立研发与借鉴创新：在企业技术创新战略的版图中，自主创新和模仿创新共同推动着企业不断向前。这两种创新策略，均是企业根据自身资源、能力及市场环境，对技术创新目标进行规划与实施的重要路径。自主创新，是企业凭借内在实力，勇于开拓未知领域，通过自主研发、技术突破，将科技成果转化为市场竞争力的过程。企业不仅能够构建起强大的技术壁垒，保障自身在特定技术领域的领先地位，还能通过技术引领，推动整个行业的进步与发展。然而，自主创新同样伴随着高风险与高投入，技术难题的攻克、市场反应的预测等，都是企业需要面对的挑战。而模仿创新，则是企业以市场为导向，通过学习借鉴行业领先者的成功经验与技术成果，快速提升自身技术实力与市场竞争力的一种策略。模仿创新能够帮助企业降低成本、缩短研发设计的周期，更快满足市场需求。但与此同时，企业也需警惕知识产权风险，确保在合法合规的前提下进行技术创新。因此，企业在选择技术创新路径时，应充分考虑自身实际情况与市场环境，灵活运用自主创新与模仿创新两种策略。

（2）逐步深化与彻底变革的创新路径：依据技术变迁的剧烈程度，可以将其划分为渐进式革新与颠覆性创新。渐进式革新侧重于对现有技术的微调与优化，带来的是稳步、持续的技术演进。企业依据市场动态及当前用户偏好，依托既有技术基底与生产能力，对产品的成本控制与性能升级实施渐进式的累积效应。相比之下，颠覆性创新则是对现有技术框架的彻底颠覆，它代表着技术领域的飞跃式变迁，通过前所未有的方式推动产业结构的深度重构，重塑竞争版图与技术生态。这两种创新形态紧密相连，其间的关联恰似哲学中的质变与量变之辩。颠覆性创新是渐进式革新的长远追求，而渐进式革新则为颠覆性创新的诞生提供了肥沃的土壤与孕育的契机。

（3）革新产品与革新流程：在创新的领域内，若从对象差异性的角度进行划分，可区分为产品创新与过程创新两大核心领域。产品创新，顾名思义，是对既有产品实施的一系列革新举措，它囊括了那些在技术层面发生显著变革，从而赋予产品全新功能特性的全新产品，同时也涵盖了针对现有产品特定功能技术进行的微调与优化。产品是企业稳健前行、不断壮大的基石与媒介，而产品创新则是推动企业跨越式增长，深化市场竞争优势的关键驱动力。过程创新，或称工艺创新，则聚焦于生产流程的优化与再造。这一过程建立在既有工艺体系之上，通过引入新技术、新设备及创新性的组织管理模式，实现生产流程的革新与升级。

（四）技术创新的动力与过程

在市场经济架构下，企业作为技术革新的核心驱动力，其核心使命乃是为社会供给商品与服务，拓宽业务版图，并契合日益增长的消费需求。技术革新这一综合过程，涵盖从创意构思、研发探索、技术管理、生产组织直至市场推广的全链条创新活动，各环节环环相扣，相辅相成。依据其驱动因素及演进路径，可细化为下述两类。市场需求导向型：市场形态纷繁多样，可划分为完全竞争、垄断竞争、寡头垄断及完全垄断四大板块。企业之成长轨迹深受市场格局影响，各类市场形态孕育着差异化的需求脉络，成为企业技术革新研发的灵感源泉。企业紧贴市场需求脉搏，实施产品优化与工艺革新。鉴于市场需求信息的零散性，企业需依托用户反馈、顾问咨询等多渠道信息搜集，进行整合分析并转化为创新指引。据此，企业启动研发设计，并推动生产落地。市场需求可能聚焦于既有技术的微创新，如功能升级；亦可能是探索未知，打造全新产品，以满足人类社会的多元化需求。市场需求的独特性及市场环境的动态变迁，构成了企业持续革新的核心驱动力。技术革新驱动型：研发活动（R&D）及科学发现是推动创新的另一关键力量。技术革新源自持续的研发探索、技术迭代升级，并伴随产品制造与销售等环节的联动效应。技术突破不仅推动社会进步，更激发了人类的创新欲望与潜能，引领技术研究向更广阔的领域迈进。

（五）技术创新体系

技术创新系统的构建在企业中涵盖了五个关键步骤与三大核心机制。该系统根植于市场需求，依托于研发体系，是市场、研发、生产、销售等内部系统间紧密协作的产物。以下是技术创新体系建立的细致路径：首先，企业需审视自身实际，遴选契合的发展蓝图与战略导向，奠定企业发展的基石；其次，企业应顺应市场脉动与自身技术升级，明确技术创新的总战略；再次，选定适宜的技术创新模式，确保创新活动高效流转；然后，细化研发项目的规划、执行与管理策略；最后，将研发成果推向市场，实现商业价值。技术创新体系的有效运作则依托于三大机制：其一，动力机制，作为创新的引擎，激发企业的创新活力，引领其向高效优质的创新路径迈进；其二，运行机制，涵盖创新管理架构、研发流程与管理制度，确保创新活动流畅无阻，同时优化资源配置，促进创新各环节的无缝对接；其三，发展机制，强调人才、技术、资金、信息等关键要素的支撑作用，为企业的技术创新提供源源不断的动力与保障。从微观视角审视，技术创新体系还囊括了人力资源、财务、法律等多个子系统，共同支撑起企业的创新大厦。而从宏观层面分析，这些环节既相互独立又紧密相连，时而交织并行，时而循环往复，共同构成了一个完整且不可分割的创新生态系统。

（六）技术创新理论与乡村振兴的关联

农业，作为国民经济的基石，构成了经济繁荣的坚实物质支撑，并在高新技术应用的广阔舞台上展现出最为活跃与充满挑战的风貌。近年来，中共中央、国务院针对乡村振兴的蓝图，强调了构建国家农业科技创新体系的紧迫性，号召全行业加强科技创新平台的筑基工作，并深化科技成果向实践转化的机制改革。针对农业高新技术产业示范区的未来发展，《关于推进农业高新技术产生示范区建设发展的指导意见》明确了方向：加速国家级示范区的建设步伐，孵化一批高新技术企业，并围绕这些企业形成高新技术产业集群；同时，强化科技创新与成果转化的双重驱动，以提升农业的整体效能与市场竞争力。在乡村振兴的征途上，技术创新无疑扮演着核心引擎的角色。以数字技术为例，其精准化管理的潜力正深刻改变着农业生产的面貌，提升了资源使用的智慧化水平。而新品种、新技术的研发，则如同为农产品穿上了增值的外衣，提升了其市场竞争力。此外技术创新的力量，还远远不止于此。它如同催化剂，促进了农村产业的深度融合，催生了新兴业态与产业，为农民拓宽了增收渠道。

二、长尾理论

（一）内涵

2004年10月，克里斯·安德森作为美国《连线》杂志的领军人物，初次阐述了"长尾理论"的精髓：当商品存储与分销的媒介变得无比广阔之时，那些非热门或销量略逊一筹的产品集合，其市场占比竟能与少数热销产品分庭抗礼，甚至更胜一筹。换言之，由无数小众市场凝聚而成的力量，足以与主流市场的庞大影响力相抗衡。

互联网技术不断发展的背景下，各种商品、服务和内容的需求用户呈现出长尾分布的特点。长尾理论主要关注的是"尾部"用户，通过满足他们的需求，能够实现较高的效益。由于网络交易中对消费者的关注成本降低，人们能够以较低的成本关注处于"正态分布"中"尾部"的普通消费者。而对于这些处于"尾部"的消费者，虽然单个个体的市场占额极小，但他们数量极多，累计起来的市场份额将会达到可观的占比。长尾效应揭示了消费个体和群体对产品需求的差异。消费群体在一定程度上对产品的需求具有趋同性，表现为对热销商品、热门音乐、主流娱乐方式等具有相同的倾向属性。然而，不同的消费个体具有个性化喜好，且内在需求差异性较大，个体数量较多。因此，企业为了在市场中获得更大的份额，不得不关注处于"尾部"的消费者需求。这就导致了很多企业的盈利构成符合二八定律，即商场中最重要的畅销货物只占20%，剩余的80%

为次要产品。但随着亚马逊等网络销售渠道的出现，库存管理等问题得到解决，产品的储存成本和销售成本减少，使得 80% 的次要产品能够被消费者个体按照自身的需求和喜爱购买，从而形成了较大的市场份额。

长尾理论的提出，是对互联网经济时代里信息经济现象的形象解释。在长尾理论提出之前，人们一直用二八定律来总结市场规律。二八定律的提出是在 1897 年，著名的经济学家帕累托通过对数据总结分析，发现传统经济中有一个极不平衡的定律，即 80% 的财富掌握在 20% 的人手里。虽然实际中经济比例的划分并没有那么精准地切割为 2：8，但确实是存在着少数的主流群体或商品占据了大量资源的关系。不过二八定律在互联网经济时代不再适用，以亚马逊为例，按照传统的经济法则，卖出书本的收益中，80% 的收入应该源于 20% 的畅销书，但事实上亚马逊每年的卖书收益中有大部分是依靠那些冷门书籍获取的，而且随着搜索引擎技术的进步，越来越多的冷门书籍被消费者们找到并购买，它们的销量正在以可见的速度增长。随着 Web2.0 时代的兴起，我国学者对于长尾理论的早期研究大多与 Web2.0 的发展相结合。卜华白早在 2005 年便探讨了长尾理论与互联网商业运营模式的关系，探讨了长尾理论能够产生的商业背景，概述了其主要的内容，并指出了它对互联网商业运营模式构筑的启示。陈力丹和霍仟在 2013 年对网络传播中的长尾理论效应进行了详尽的论述，将网络信息传播中长尾的形成机制概括为三点，即：生产内容的工具导致信息生产的长尾、配销大众化导致信息传播平台的长尾、连接供给与需求的可能导致信息需求的长尾。

数字经济时代，互联网的存在让长尾效应的发生有了最佳平台。互联网平台大流量、低运营成本、低存货要求，商家的经营单品成本降低，对应的产品类型及销量却增加。另外，数字技术的市场碎片化凝聚结果就是聚少成多，这让产品的交易率及经济效益显著提升。数字经济还让长尾效应的优势放大，使小众产品在宣传与推荐的影响下，无形中受众群体扩大，从而在短期内增加销量。

（二）长尾理论产生的背景

1. 社会文化背景

在传统经济的架构内，社会化大生产展现出组织紧密、资源汇聚、生产高效、信息局限的时代烙印。企业身处这一高度整合的社会体系，通过精细分工与合作，既响应社会呼唤，也累积商业财富。然而，随着社会脉搏的加速与商业竞争的日益激烈，企业于旧有架构中应对消费者需求的效能渐显瓶颈。与此同时，经济跃升与社会进步携手并进，催生了个性解放与个人价值彰显的新风尚。自由、民主、开放、共享等社会新思潮风起云涌，极大地提升了消费者的个体权益，那些曾被视为边缘、微弱的声音，如今被历史洪流赋予了前所未有的重要性，消费者的个性化需求也随之涌现。

鉴于此，关于企业、个体、组织、市场等多元主体及其内部运作机制的研究热度持续攀升。研究者洞察到，在社会化日益细碎化的浪潮中，无论是国家间的产业协作版图，还是企业间、个体间的社会分工格局，均显现出崭新的面貌。为寻求突破，人们不断探索新的商业模式，以期提升企业经营效能，更好地拥抱消费者日益增长的个性化需求。长尾理论正是在这一背景下应运而生，它契合了弱中心化、个性化定制、自由协作等新型社会组织分工原则，对传统经济秩序与规则的重构产生了深远的影响①。

2. 技术背景

随着信息技术的飞跃式进展，网络科技已深深植根于社会生活的方方面面，为企业开展革新性经济活动铺设了坚实的基石。在网络的浪潮中，社会组织的联结成本显著缩减，企业得以挣脱传统集中式社会分工的桎梏，迈向更为自由广阔的天地。此时，依托更小规模却更灵活的组织单元、资源投入的极致效率及信息资源的深度挖掘等特质，一种全新的社会分工逻辑正悄然兴起，引领着生产、消费、交换等多个社会领域的深刻变革。而网络科技作

---

① 孟岩. 长尾理论视角下智慧旅游平台商业模式创新研究 [J]. 理论观察,2024(5)：114-119.

为这一变革的幕后推手，无疑为"细微服务"的规模化增值提供了强大的技术支持。长尾理论这一顺应技术革新潮流的理念，正展现出其无限的发展潜力与广阔的应用前景。

3.经济学背景

在传统社会的运作框架内，受限于信息技术发展的水平，跨时空的组织构建与人际互动的广泛实现遭遇了重重障碍，进而塑造了社会经济关系相对封闭的格局。在此格局之下，信息不对称的壁垒高耸，资源要素的市场化配置遭受限制，企业运营成本居高不下，这一系列因素共同制约了社会基本供求结构的灵活调整，导致企业经营活力受阻，经济效益增长陷入停滞。然而，步入新经济纪元，技术的飞跃性进步如同一股强劲的东风，极大降低了社会活动各要素的运作成本，为激活并释放"微服务"领域的生产潜力铺设了坚实的基石。在这一全新环境中，生产力要素与社会组织活动交织互动，相互激发，共同孕育出一种顺应时代潮流的社会经济关系新形态。在这一新形态的引领下，企业社会活动的商业模式经历了深刻的变革与重塑，消费者的多元化、个性化需求如同雨后春笋般涌现，而相应的服务供给亦随之不断迭代升级，实现了前所未有的满足与契合。正是在这样的背景下，长尾理论应运而生，作为新经济时代的标志性产物，它预示着长尾经济模式将开启一片广阔的发展蓝海，引领社会经济走向更加繁荣与多元的未来。

（三）长尾理论对数字经济助推乡村振兴高质量发展的启示

在数字经济浪潮中，长尾效应为乡村繁荣的深层次跃升开辟了崭新视角与启迪路径。一方面，乡村地区存在着大量的特色农产品、手工艺品等，这些产品在传统市场上往往由于规模小、销售渠道有限等原因，难以与大规模生产的主流产品竞争。然而，通过数字经济平台，这些"尾部"产品能够获得更广泛的展示和销售机会，满足消费者的个性化需求。例如，电商平台可以为乡村特色产品提供线上销售渠道，打破地域限制，让更多的消费者了解和购买这些产品。另一方面，数字技术的发展使得乡村地区的旅游、文化等资源能够得到更好的开发和推广。通过互联网宣传、在线预订等方式，乡村旅游魅力凸显，吸引大批客流，推动乡村经济迈向多元化繁荣之路。此外，数字经济还能够为乡村创业者提供更多的机会，他们可以利用互联网平台开展各种创新业务，实现自身的发展和价值。此外，长尾理论也提醒我们，在推动乡村振兴的过程中，要注重满足不同群体的需求，尤其是那些处于"尾部"的小众需求[①]。通过精准定位和个性化服务，能够挖掘出乡村发展的潜在市场，实现乡村经济的可持续增长。

三、城乡融合发展理论

（一）城乡融合发展理论的渊源

城乡融合发展理论有着深厚的历史渊源，其思想脉络可以追溯到马克思主义经典作家的相关论述。马克思与恩格斯通过对资本主义社会制度下城市与乡村关系问题的批判性考察，逐渐形成了对城乡关系的科学认知。他们的研究始于对城乡不平衡等问题的关注，提出了城乡应逐步平等的观点。恩格斯通过对英国工人生活环境的考察，指出了工业革命对英国城乡关系的深远影响，这成为他们城乡融合发展思想的萌芽。马克思与恩格斯经典著作如《德意志意识形态》《共产党宣言》中，开创性地引入了"城乡分离"与"城乡一体化"的核心理念。他们深刻认识到城乡分化的根源在于社会分工的深化。进而，他们构想了一个消除城乡隔阂、促进城乡和谐共融的愿景，即通过某种途径来根除城乡对立的现状，以此来实现城乡融合，作为城乡未来关系的发展方向。在此阶段，马克思运用政治经济学理论分析城乡关系，强调了科技和教育在城乡融合发展中的重要性。恩格斯则指出实现城乡融合发展需要工业、农业等各类产业协同发挥作用，以及人口的合理分配和工农业的紧密配合，同时土地国有化也是实现城乡融合发展的重要条件之一。中国共产党

---

① 李娜，蔡蓉蓉. 长尾理论视角下的乡村旅游全媒体营销研究 [J]. 新闻研究导刊，2016,7(20)：25-27.

在领导中国革命和建设的过程中，不断汲取马克思主义理论的营养，将其与中国实际相结合，构建了独具中国特色的城乡融合理论框架。

在新中国成立之初，毛泽东同志构想出一种平衡策略，即以农业为稳固基石，同时不忽视城市的核心地位，两者相辅相成，构成城乡和谐共生图景。这一理念，深刻体现了对城乡关系的深刻洞察与精心布局，旨在确保国家发展的全面性与可持续性，强调实现城乡接合和工农结合的重要性。毛泽东同志认为社会主义工业化是实现社会主义现代化的前提，必须统筹城乡发展，重视农业农村发展。邓小平同志曾提出了城乡互动思想。他主张以城市工业支援乡村农业发展，以城市发展带动农村进步，促进城乡联动，以缩小差距为主，迈向共同富裕之路。乡镇企业作为连接城市与乡村的中间载体，对城乡互动和城乡一体化发展具有重要意义。随后，党中央提出了城乡协调发展思想，积极颁布并实施了多项惠农扶农举措，旨在全方位促进农业、农村及农民的繁荣与进步。这一系列政策不仅着眼于深化农村经济的体制性改革，更是为农村地区的长远发展铺设了坚实的基石。通过这些措施，我国致力于构建一个更加繁荣、稳定与和谐的农村社会。推动以工补农、以工促农的新机制，积极探索小城镇战略，统筹推进城乡经济社会发展。这标志着党和国家对于城乡关系的探索由"城乡兼顾"转向"统筹城乡"，是马克思主义城乡统筹理论中国化的新发展。

党的十六大以后，党中央提出了统筹城乡思想，重申工业对农业的滋养效应，以及城市对农村的必要扶持，秉持"工业助力农业繁荣，城市引领乡村发展"的理念，视城乡为不可分割的命运共同体，致力于促进二者间的深度融合与协同发展，从而加速城乡一体化的宏伟进程。学术界也对影响城乡关系失衡的原因展开了更深层次的分析，提出了从乡村内部动力入手、合理利用自然资源、提高乡村生产力等观点。

党的十八大以来，在时代变迁的浪潮中，中国社会的核心矛盾已发生深刻转化，在此背景下，习近平总书记提出了城乡融合发展的崭新理念。他着重指出，需全面且深入地推进城乡关系的改革进程，致力于优化并完善城乡融合发展的制度框架与运作机制。此举旨在打破长期以来城乡间的二元分割格局，实现城乡资源的优化配置与高效利用。同时，他也强调，应进一步拓宽农民的财产权益边界，赋予他们更为丰富和坚实的财产权利保障。

（二）探讨城乡一体化发展的重要性及其深远影响

探索城乡一体化发展路径，是应对我国城乡差距显著、乡村发展滞后挑战的核心策略。长期以来，我国存在着城乡二元对立的不平衡发展关系，在资源配置的广度与深度，以及发展契机的多样性上，城市与乡村之间存在着显著的鸿沟与不均衡现象。城市集聚了大量的资源、人才和技术，具有综合发展的优势，但也面临着住房、交通等诸多问题。乡村拥有丰富的自然资源和生态环境，但长期以来的滞后思维和分散经营方式制约了其现代化发展。因此，城乡融合发展的推行，承载着不容忽视的重要意义。此举旨在促进城乡间资源的精准配置与高效利用，使得城市与乡村的独特优势相得益彰，共谋繁荣之道。在产业融合的强劲驱动下，城乡经济有望实现质的飞跃，不仅提升发展的品质与效率，更构筑起经济持续增长的稳固基石。此外，城乡融合发展还有助于促进城乡居民的融合，缩小城乡居民在收入、教育、医疗等方面的差距，实现社会公平正义。促进城乡一体化发展，同样能够捍卫并优化自然环境，达成人类与自然界共融共生的美好愿景。

（三）数字经济与城乡一体化融合进程的相互影响

数字经济的发展为城乡融合发展提供了新的机遇和动力。数字技术的广泛应用可以打破时空限制，增强城乡信息互通与资源共享效率，依托电子商务与互联网金融等新兴平台力量。农村地区的特色产品能够更便捷地进入城市市场，城市的资金、技术等资源也能够更好地流向农村。在乡村产业革新的浪潮中，数字经济同样扮演着催化剂的角色，其力量促使农村产业结构向更高层次迈进。通过深度整合大数据资源及运用先进的人工智能技术，农业生产正逐步迈向精细化、智能化的新纪元，为传统农业注入了前所未有的活力与潜力，提高农业生产效率。

四、可持续增长理论

（一）内涵与发展

可持续增长作为一种重要的经济发展模式，在当今社会具有不可或缺的地位。早在 1987 年，世界环境和发展委员会就对其进行了释义，强调可持续发展要兼顾长期性，充分考虑后代人的发展需求。随后，在实际研究和应用过程中，人们对可持续发展理论的内容不断进行补充和完善。最初，可持续发展主要关注环境领域，后来逐渐拓展到经济的可持续性。经济可持续性意味着在经济发展过程中，要转变以往注重发展速度和数量的思维模式，更加关注质量和效益。

（二）经济可持续增长的理论研究派别

关于经济增长理论的研究文献众多，而经济可持续增长的理论研究主要分为两派：一派主张经济可以持续增长，另一派则认为经济增长存在极限。自 20 世纪 60 年代起，经济增长深受资源与环境的双重制约，其影响渐趋显著。1962 年，蕾切尔·卡逊的《寂静的春天》横空出世，不仅触动了公众对环境保护的深刻反思，更引发社会各界对经济增长的可持续性路径展开了广泛讨论与质疑。1972 年，麦多斯及其合著团队共同创作了名为《增长的极限》的著作（原名《论人类困境》）。该书提出，人口数量的扩增、可耕地面积有限、粮食供应不足、不可再生资源耗尽及工业增长导致的污染加剧等问题，将威胁人类的生存。然而，与之观点相反的一派则认为经济增长是可以持续不断的。自哈罗德—多马模型开创分析长期经济增长的先河以来，经济的恒久繁荣与增长，植根于储蓄率与资本—产出效率的双轮驱动中。经济的自然增长步伐，不仅要契合于可保障的增长轨迹，还需与达成全面就业目标所要求的经济内在增速相一致，确保实际增速与这两大基准相吻合。1956 年，索洛与斯旺共同构建了一个模型，该模型深刻揭示了技术进步作为驱动长期经济增长的核心要素，其地位举足轻重，成为重要的学术里程碑。尽管此时技术进步被视为外生因素，其产生的具体机制无法解释，但这一观点突破了资本积累是经济增长源泉的传统观念，为研究经济可持续增长理论奠定了重要基础。1961 年，卡尔多用六个事实打破了新古典理论增长均衡的思想，他认为劳动生产率能够稳定增长，人均资本存量以连续不变的速度增长，同时资本积累能够促进创新，经济增长的基石在于内生性的技术进步，其发展脉络紧密依附于科技的飞跃与革新。

1962 年，阿罗所提出的"在实践中学习"模型，实现了技术进步的内在化演变，阐明了技术进步是由经济系统本身决定的，其展现了广泛影响力与超越界限的效应。然而，要实现经济的持续稳健增长，还需要外生的人口变量持续增长。在此基础上，罗默和卢卡斯分别于 1986 年和 1988 年将技术进步和人力资本内生化，使人们逐渐认识到知识的溢出效应在经济增长中的重要作用，即知识技术可以在人口不增长的前提下，使生产要素报酬递增。1990 年，罗默构建了技术革新内嵌化的 R&D 理论框架。此后，经济可持续增长理论在这一框架下不断发展。

自 20 世纪 90 年代以来，一系列将资源与环境问题与内生经济增长理论联系起来的标志性模型研究相继涌现，各自以独特的方式将环境因素融入经济增长的探讨中。Bovenberg 与 Smulders（1995）通过拓展罗默模型，创新性地将环境考量纳入生产函数范畴，开启了这一领域的新篇章。紧随其后，Stokey（1998）则立足于阿罗模型，巧妙地将污染密度指数融入分析架构，深刻剖析了环境污染的外部性如何与经济持续增长相互交织；Aghion、Howitt（1998）另辟蹊径，在 R&D 模型中引入了资源环境维度，提出了环境质量存在一个至关重要的最低界限，一旦跌破此界限，环境将陷入难以逆转的境地，从而深刻揭示了环境资源约束对可持续发展路径的深远影响。上述研究虽表述各异，但皆旨在深入探索经济增长与环境质量之间的复杂关系，共同构成了 20 世纪 90 年代以来环境经济学领域的重要理论基石。国内学者在 20 世纪 90 年代末也开始将资源与环境问题纳入内生经济增长模型中，进行了许多改进和创新，并结合中国的实际情况进行了实证检验。

（三）可持续增长理论在数字经济背景下的应用

在当今数字经济时代，可持续增长理论具有新的应用和发展。数字经济以信息技术为支撑，采用集约化、节约型的生产模式，通常不会对环境造成破坏，有效缓解了经济发展与资源损耗之间的矛盾冲突。例如，部分民族地区地理位置特殊，生态环境脆弱，以往以资源消耗为代价的粗放型增长模式不符合可持续发展的要求，也与我国经济高质量发展的目标相悖。而数字经济的发展为这些地区提供了新的机遇。通过数字技术的应用，传统产业的供需关系得到调节，消费得以再造，资本被吸引，同时创造了更多新的岗位，对高素质劳动力的需求也随之增加，促进了生产者技术水平的提升，从而提高了个人收益，实现了经济的供给与需求之间的良性调节，推动了经济的循环可持续发展。此外，数字经济的发展还对经济增长理论产生了重要影响。在审视经济增长的轨迹时，由索洛构建的新古典模型逐步演进至罗默倡导的新经济增长理论框架内，不难发现，数字技术的飞速进步已成为数字经济纪元中驱动经济持续扩张的核心引擎与内在动力机制。数字技术的边际报酬递增效应逐渐打破了传统经济增长理论的边界。在传统西方经济学中，以物质的稀缺属性为假设前提，运用边际效益递减法则，在技术水平恒定的前提下，产品的投入分为固定成本和可变成本两部分，固定成本和可变成本之间存在一个最优比例作为临界点，超过临界点后，每增加一个单位可变成本都会导致边际收益减少，直到重新回到临界点，即达到均衡状态。然而，数字经济并不完全符合这一传统理论。数字产品本身具有边际收益递减规律，但其固定成本投入往往较高，这是因为数字经济基础设施构筑之初需巨额资本投入。然而，随着基础设施的普及，数据自身的易获得性、易复制性和便于存储的特性使得数字产品的可变成本极低，甚至接近于零，这就使得数字经济呈现出边际收益递增的规律。总之，可持续增长理论在数字经济背景下得到了进一步的拓展和深化，为实现经济的高质量发展提供了重要的理论支持。数字经济的发展不仅为乡村振兴带来了新的机遇，也为实现经济的持续繁荣与社会的长远进步提供强大助力。

五、产业升级理论

（一）产业升级理论的起源与发展

早在1935年，费歇尔在其著作《安全与进步的冲突》中首次提出了三次产业分类法，为产业相关理论的研究奠定了基础。随后，英国研究者克拉克在此基础上进一步深入研究，发现劳动力从农业部门向其他部门的流动趋势，并且指出劳动力在其他部门所占比例越高，产业层次就越高。罗托斯的"主导产业理论"则强调了支柱产业在经济体系发展中的明显带动作用，而霍希曼的"不平衡发展"理论认为优势产业应优先发展。由此可见，早期对产业升级的研究主要侧重于产业部门间的转移以及产业的优化发展。产业升级是一个国民经济各部门比重发生改变的过程，是产业从传统向现代、从粗放到集约型过渡的演变历程。近年来，信息技术的迅猛进步，特别是自"互联网+"行动实施以来，已显著推动了社会各领域的变革。这一战略不仅标志着我国数字化时代的全面加速，还深刻影响了经济、文化、教育等多个层面的发展路径。在此背景下，各行各业纷纷拥抱互联网技术，探索"+"的无限可能，旨在通过深度融合与创新，实现传统行业的转型升级与新兴业态的蓬勃兴起。技术在相关产业的扩散和积累到一定程度时，将有力地推动产业不断升级；而在产业升级的过程中，又会促进新技术的不断发明和创新。在数字经济时代，传统产业的生产和组织方式不断被改变，数字经济通过提高产业间的融合进程，促进产业各部门的协调发展，降低运营成本，提高资源配置效率，从而重塑产业模式。

（二）产业升级的相关概念与分类

1.产业升级的相关概念

产业概念具有一定的模糊性，它涵盖了"产业""工业"及"行业"等多个范畴。中国学术界，常将产业界定为"具有共同特性的企业群体的总称"。从产业结构理论视角出发，产业指的是"利用相同原材料、技术或生产相似产品的企业集合"。此定义具有灵活性，既涵盖了第一、二、三产业的宏观层面，也涉及如钢铁、石油等具体产业的微观层面。产业结构则指的是"各产业之间的相互关联及互动模式"。这一领域的研究同样存在广义与狭义之分，但核心在于揭示经济发展与产业演变的内在规律，为政策制定提供理论支撑，因此通常不深入探讨细分的产业分类。产业结构升级，是产业结构系统由低级向高级演进的动态过程，也可视为产业结构的高度化。而产业升级，其核心在于产业结构的优化以及产业素质与效率的双重提升，这离不开技术进步的强大驱动力。产业结构的优化体现在各产业的和谐共生与结构层次的跃升；而产业素质与效率的提升，则依赖于生产要素的高效配置、技术与管理水平的提升，以及产品质量的飞跃。技术进步的源泉多样，既包括自主创新，也涵盖技术引进与模仿。发达国家多依赖自主创新推动技术进步，而发展中国家则更多借助投资新设备、引进并模仿先进技术、承接国际产业转移等途径实现技术追赶。笔者关于产业升级理论的研究，虽广泛涉及产业升级的各个方面，但核心聚焦于产业升级与宏观经济增长之间的内在联系，旨在探讨如何通过产业升级促进经济的持续增长。因此，对产业组织理论等微观经济方面没有进行详细分析，研究范围更侧重于产业结构的改善和整体产业技术水平的提高。

2.三次产业分类方法

产业分类中，以历史演进与内在联系为基石的三次产业划分法占据核心地位。此框架依据经济活动从原始至现代的演进轨迹，将经济结构层次分明地划分为三大板块。1935 年，英国经济学家费希尔在其著作《安全与进步间的张力》中开创性地勾勒出人类生产活动的三大演进阶段。最初，聚焦于自然资源开发利用的初级生产活动，构成了第一产业；随后，随着工业革命的浪潮，以规模化工业生产为主导的第二产业崛起；最终，当工业化达到一定成熟度，劳动力与资本转而涌入服务、教育、医疗等非物质生产领域，标志着第三产业的蓬勃兴起。

英国统计学家克拉克在其 1940 年的著作《经济增长的基石》中将费希尔的理论精髓进一步发扬光大。克拉克通过精细化的分析，将国民经济体系划分为三大支柱：农业，作为第一产业的直接映射；制造业，承载了第二产业的辉煌；服务业，全面涵盖了第三产业的广阔范畴。这一分类体系不仅深化了对产业结构变迁的理解，也为后续的经济研究与政策制定提供了坚实的理论基础。

（三）产业升级与经济增长的融合

发展中国家引进新技术的过程与西方发达国家的技术创新过程存在明显区别。西方发达国家的技术创新是渐进的、局部的过程，而发展中国家在引进技术时是跳跃的、全方位的。这在经济中表现为一个全方位的产业升级过程。因此，西方主流经济学的增长理论主要研究技术创新和人力资本提高，而发展中国家在研究经济增长问题时则更多地关注产业结构升级。对于发展中国家来说，产业结构升级是一个全面的、跳跃的技术进步过程，西方主流经济学的增长理论和产业升级理论可以融合在一起。全方位引进技术会促使经济发生全方位的产业升级。西方主流经济学的增长理论主要关注技术创新，而发展中国家则需要更多地考虑产业结构升级问题。发达国家的产业升级需要通过技术创新的渐进提升来逐步实现，由于未来的产业升级方向是由技术创新的结果决定的，在新技术尚未创新出来之前，政府无法用政策来确定产业升级的方向。而发展中国家可以借鉴发达国家的产业结构演进规律，利用产业结构升级理论来指导经济发展的方向。在发展中国家视野下，产业结构的蜕变与升级，实际上是一场自基础迈向高端的广泛且飞跃式的技术革新之旅，这一过程充满了全面性与突破性，对于世界来说并非技术创新，而是引进和模仿西方发达国家已有的生产技术，这也决定了发展中国家产业升级的方向应与发达国家已走过的产业升级路径一致。

第三章 数字经济对乡村振兴高质量发展产生的影响

第一节 数字经济对农业产生的影响

一、为农业发展提供新的机遇

（一）乡村振兴的政策机遇

2018 年以来，国家对乡村振兴高度重视，陆续颁布了多个与之相关的政策文件，为乡村振兴高质量发展工作奠定了坚实的基础。2018 年 9 月，国务院颁布了《乡村振兴战略规划（2018—2022 年）》，规划中不仅明确了乡村振兴战略的指导思想、基本原则和目标任务，还特别指出要加快实施农村新一代信息基础建设，加快数字乡村的战略部署[①]。现代信息技术在乡村中的应用仍有一定的局限性，在该战略规划中特别强调了要加强推进以物联网、地理信息技术、云计算、人工智能为代表的现代信息技术在乡村的应用，不可让现代信息技术与农村生产生活融合沦为一句空话。

2019 年 5 月，国务院再次出台指导文件《数字乡村发展战略纲要》，明确了 2020 年、2025 年、2035 年三个阶段乡村数字化转型的具体目标，特别

---

① 中共中央、国务院印发《乡村振兴战略规划（2018—2022 年）》[A/OL].（2018-11-29）. https://www.moa.gov.cn/ztzl/xczx/xczxzlgh/201811/t20181129_6163953.htm.

提出了要推动智慧农业发展，通过利用现代化信息技术提高农业的产量及质量，从而达到帮助农民增产增收的目的[①]。此外，战略纲要提出了在乡村中可积极发展电子商务渠道，优化传统销售渠道的同时进一步拓展新的销售渠道和销售模式，让农民的收入变得更加多样化。该战略纲要中还特别提及了要推动医疗、教育、文化等乡村公共服务数字化，将现代化信息技术运用到乡村治理中，学习数字化乡村管理模式，提升乡村治理水平，给广大乡村居民提供更加便利、舒适、安全的生活环境，逐步缩小城乡居民差距。

2019 年 12 月，农业农村部联合网信办颁发了《数字农业农村发展规划（2019—2025 年）》，在发展规划中又一次强调要加强农村的网络基础建设，全面扩大移动互联网覆盖面积，提升网络宽带速度，不断优化网络覆盖质量[②]。此外，这份发展规划对农村的安全生产经营也提出了具体的要求，利用农业信息化服务，更加精准地监测土地、气候、病虫的数据。另外，还要加强对农产品的安全监管，结合现代信息化技术和手段完善溯源体系，让每一份到达老百姓手中的农产品都能够有迹可循。该规划中提到国家鼓励农业科技关键技术创新，支持智慧农业推进，力求让农业生产变得更加智能化。同时，鼓励乡村进行数据资源整合，收集个体经营者的生产经营数据，建立统一化的数据管理平台，早日实现数据共享，指导个体经营者使用共享数据并从中获益。

2020—2022 年期间，国家又多次出台与数字乡村发展相关的工作要点或行动计划。例如，2020 年 5 月中央网信办联合其他三个部门共同发布的《2020 年数字乡村发展工作要点》；2022 年 1 月，中央网信办联合其他九个部门共同发布的《数字乡村发展行动计划（2022—2025 年）》。2022 年 4 月，中央

① 中共中央办公厅、国务院办公厅印发《数字乡村发展战略纲要》[A/OL].（2019-05-16）. https://www.gov.cn/gongbao/content/2019/content_5395476.htm.

② 农业农村部、中央网络安全和信息化委员会办公室关于印发《数字农业农村发展规划（2019—2025 年）》的通知）[A/OL].（2020-01-20）. https://www.gov.cn/zhengce/zhengceku/2020-01/20/content_5470944.htm.

网信办、农业农村部、国家乡村振兴局等五个部门联合印发了《2022年数字乡村发展工作要点》，着重明确了加速数字基础设施建设、加快推进智慧农村、完善乡村数字化治理等十个大方向。

为认真落实乡村振兴工作，2022年中国人民银行出台了《关于做好2022年金融支持全面推进乡村振兴重点工作的意见》（银发〔2022〕74号，简称《工作意见》）。《工作意见》中明确提到几个要点：第一，要加强对粮食产品以及重要农产品的金融支持。各地金融机构要积极参与到农业全产业链当中，针对各地不同农业企业的具体情况，制定具有差异化的金融支持。此外，对于大豆、油这类重要的农产品，除了优化信贷资源配置之外，还可在原定的基础上稍作倾斜，给予一定的优惠政策，比如适当放宽准入门槛、延长贷款期限等。《工作意见》中还特别提到要大力支持农产品的跨境贸易，鼓励有实力的企业能够走出国门。第二，加大对现代化数字设备的投入。农业机械化是必然趋势，但实际情况并非农民不愿意尝试机械化设备，而是机械化设备过于昂贵，不仅农民能接触到的机会少之又少。连许多中小型农业企业采购起来也相当吃力。因此，金融机构需要因地制宜，甚至是因"企"制宜，实地考察各个农业企业能够提供的抵押物，在传统抵押物的基础上慢慢扩宽抵押物的范围，将资金真正用到农业企业实处，帮助解决企业因为资金短缺无法购置新设备的问题。例如，传统金融只接受土地、房屋、店铺等这类抵押物，在乡村中是否可以将大面积养殖的家禽、种植的农产品也纳入抵押物的范畴。第三，除了大力支持重要农产品之外，对乡村第一、二、三产业发展同样也要鼎力支持。乡村的旅游经济已经慢慢有了起色，对于这类项目要优先给予支持。此外，还要逐步提高乡村金融服务水平，加速在乡村的金融布点工作，提升乡村支付水平，加快移动支付向乡村机构的下沉速度，储蓄国债向乡村推广等。

（二）"数字经济"的时代机遇

自2018年以来，我国生产总值中数字经济核心产业的增加值稳步上升，到 2020 年核心产业增加值已经达到了 7.8%。在数字经济时代下，我国的数字基础建设一直在稳步推进，乡村数字基础设施建设的优势也慢慢浮现出来。网络基础建设和信息服务基础设施是乡村数字基础设施建设的两大组成部分，下面就围绕这两个部分进行介绍。

根据相关数据，2010—2022 年，农村地区固定宽带的接入用户数量在每年持续上升，尤其是 2010—2015 年期间，每年的增长幅度都很大。2010 年农村宽带接入用户数近 2000 万，2022 年接入用户数接近 18000 万。从数据上看，接入用户数上涨超过 7 倍。从农村固定宽带的覆盖率上也能看出，从 2010—2022 年这 12 年时间里，我国的农村固定宽带覆盖率在稳步上升。2010 年，农村固定宽带覆盖率不足 20%，经过 12 年时间的建设，2022 年覆盖率接近 30%。从数据上看，农村固定宽带的覆盖率上升速度较为缓慢，这是因为国家在大力完善农村网络基础建设的同时，也在推进城市的网络基础建设。相较之下，城市的网络基础建设以更加迅猛的速度在完善，所以农村网络覆盖率上升的速度较为缓慢。但从整体上看，农村基础网络建设工作是在稳步推进中，这是数字技术能够在乡村农业中推进的基础，也是实现乡村振兴高质量发展的第一步。

对农村有线电视的覆盖，根据国家统计局在《中国统计年鉴（2011—2022）》提供的数据，2011—2022 年，全国农村有线广播电视用户数几乎没有太大的变化，甚至有略微下降的趋势。2011 年，农村有线广播电视用户数量占家庭总户数比重约 32%，2022 年的统计数据显示约为 32%，基本没有太大的变化，还是维持在 30% 左右。而全国数字电视的用户数量则是骤增，2011 年全国数字用户数量约 11500 万，2022 年的统计数据是将近 20000 万户。分析其中的原因，主要是数字技术在农村的有效推广，使得数字电视在农村越来越普及。农村数字电视的覆盖率增加，也从侧面反映出农村网络基础设施的建设成果，这有利于后期数字农业的推广和普及，为数字农业发展奠定基石。

2019 年，我国正式将 5G 技术投入商用，2019—2022 年短短几年时间，5G 基站建设工程取得相当可观的成绩。根据《通信业统计公报》提供的数据，截至 2019 年 12 月，我国累计建成的 5G 基站数量 15 万个，截至 2022 年 12 月，3 年时间过去我国累计建成的 5G 基站数量将近 220 万个，5G 用户数超过了54000 万。从宏观上看，5G 网站在地级市的覆盖率已经达到了 100%，虽然县级市和乡镇地区的 5G 网络覆盖工作稍稍落后于地级市，但也一直都在稳步有序地推进中。对数据进行细化分析发现，在不同地区之间 5G 网络的推进工作仍存在明显的差异。5G 基站数量最多的是东部地区，截至 2022 年 12月，建成的 5G 基站数量已经超过 100 万个；其次是中部地区，截至 2022 年12 月，5G 基站数量达到 49 万；西部地区则数量相对较少，截至 2022 年 12月，5G 基站数量仅有 14 万。若是具体到省份，广东、浙江、江苏这三个省份都是排在第一梯队的，其中广东省 5G 基站数量最多，达到了 22.6 万；而西藏、青海、宁夏这三个省份的 5G 基站数量较少，西藏的 5G 基站数量仅有0.81 万。5G 网络用户数量与基站数量正相关，广东省的 5G 网络用户数量位居全国第一，超过了 6000 万，西藏的 5G 网络用户数量最少，不到 80 万人。不论是农业机器人、农用无人机还是农业服务体系，都需要依托于 5G 网络。全面推进 5G 网络基础建设工作，快速缩短东西部地区差异是下一阶段工作的重点。

农村信息服务基础设施包含的范围很广，可以理解为是借助信息技术为乡村居民提供信息服务的站点，例如现在在乡村中常见的仓储物流中转站、益农信息社等。根据国家互联网办公室发布《数字中国发展报告（2020—2021）》中的数据统计，从 2017 年起乡村中的益农信息社数量就在不断上涨。2017 年益农信息社数量为 7.4 万，而 2021 年底已经增加到 46.7 万个。从这组数据可以非常直观地看到我国有效信息进乡入户的工程建设颇有成效。截至 2022 年 10 月的统计数据，农村信息服务基础设施对公共服务的次数已经超过了 1000 万次，帮助普通农户发布相关信息超过 2500 万条，信息员培训人次超过 500 人，通过信息服务平台达成的交易总额超过 2.6 亿元。无论是从服务质量还是成交金额上，这几年农村信息服务设施都交出了一份令人满意的答卷。过去，乡村交通、物流不够便利，限制了农业种植、经营生产，如今随着数字技术的应用，农户和企业足不出户就能够通过网络完成交易，享受到信息服务基础设施提供的便捷又经济的生活信息服务，这些都为数字农业发展打下了坚实的基础。

（三）"双循环"背景下的发展机遇

所谓"双循环"是指"内循环"和"外循环"，部分经济学者也将这二者称为国内循环和国际循环。内循环也被称为国内经济大循环，它的本质是整个经济活动在国内发生，向国内的企业或居民提供产品和服务。与之相对的外循环，也被称作国际经济大循环，经济学者将它看作内循环的补充和延伸，其本质是整个经济活动发生在国外市场，充分利用国际资源，向国外市场提供产品和服务。2020 年习近平总书记提出的"双循环"新发展格局，要求在保证内循环的前提下，积极高效地融入外循环，内外两大循环相互促进。农业在内循环经济中的重要性不言而喻，直接关系到国家粮食安全，在乡村振兴中担任着不可替代的角色，同时还肩负着农民增收增产的重要使命，因此乡村振兴战略需要顺应"双循环"经济发展，搭乘着这股政策"东风"，顺势而上。

"双循环"给农业带来了新的机遇。首先，其能够加速人力、财力、土地等生产要素的流通。乡村拥有优秀的土地和人力资源，"双循环"经济系统的提出，能够让这两个生产要素在乡村与城市之间、乡村与乡村之间进行更快速、自由的流通，提升内循环效率[①]。其次，乡村中仍然存在农产品滞销的问题，"双循环"为农产品滞销问题提供了新的销售渠道和解决思路。同时，"双循环"对于城乡融合也有一定的促进作用。城乡融合是乡村振兴高质量发展的

---

① 张曾莲，施雯. 数字经济对"双循环"协调发展的影响效应检验［J］. 统计与决策，2024,40(14)：107-111.

必经之路,生产要素仅仅只在村与村之间加速流通还远远不够,必须要在"城"与"乡"之间实现双向流通。"双循环"提出后,不论是生产要素还是消费市场,都会在"城"与"乡"之间逐步整合,最终目的是"城"与"乡"不再具有明显的划分,二者既能共通又能相互包容。"城"与"乡"的界限逐渐变淡后,包括生产要素在内的资源就不会过度往城市聚集,而是随着时间的推移慢慢往乡村转移。乡村只要能够获得更多的生产要素资源,那么也必将迎来更广阔的农业市场空间。

从宏观上看,"双循环"为乡村农业发展提供了新机遇的同时也带来了新的挑战。国家针对乡村振兴和农业发展颁布了一系列的优惠政策和指导文件,但落地执行的成效与预期仍存在差距。分析其中的原因,主要有以下几点。

首先,资源利用率不足。这里的资源主要是指信息技术,多数农民在种植及生产经营中没有做好记录。农作物在种植过程中会涉及大量的数据,例如,间隔多长时间补多少肥、施哪种肥、多少配比等。这些数据资料未能及时记录,事后就忘记了,这也是农业有效数据采集困难的主要原因。然而,这部分数据流失是非常可惜的,这是农民通过实践获得的最真实、有效的数据,对农业发展有切实的指导意义,能够帮助其他农民少走弯路。想要解决这个问题,除了要加强对农民的宣导之外,还要积极引进优秀的农业人才。老一辈农民已经上了年纪,现在让他们从头开始学习使用电脑、手机等新型设备的确有困难,因此需要引进一批具有优秀理念的农业人才来弥补这个缺口,协助老一辈农民做好种植和生产经营数据。

其次,乡村治理主体过于单一。我国的乡村治理目前还是以当地政府为主,部分地区虽然村委会也会参与治理工作,但主要还是承担传达者的角色,大多数的乡村居民和企业无法参与乡村治理的工作,自身也缺乏参与治理的意识。之所以出现这样的情况,与过去长时间的理念有着不可分割的关系,想要在短时间内扭转这一局面具有一定的难度。随着乡村振兴工作的开展,乡村主体变得多元化,但参与治理的主体却很单一,因此治理成效与预期存在差距这是可以预见的。究其根本原因，是治理效率太低，因此引进数字化、自动化手段是提高乡村治理效率的突破口，借助数字化手段让村民和企业都主动加入乡村治理工作中，同时也能快速普及乡村治理制度。此外，乡村也可以结合自身的实际情况，建立符合本土管理的文化制度，从文化建设的角度提升乡村治理水平。

二、切实提升农业生产效率

马克思理论认为生产力是指人类改造自然的能力，生产效率是指人类投入各种资源所能够产出的产品数量或者是提供服务的质量。生产力有三个基本要素：劳动者、劳动资料及劳动对象。数字经济能够提升农业生产率的技术逻辑也就是围绕这三个要素的变革产生的。

（一）劳动者变革与农业生产率提升

在农业生产活动中，创造价值的核心要素是劳动者。如果没有劳动者，劳动工具再先进，土地再优渥，一样无法结出果实。在传统农业中，农民所担任的角色通常是非常单一的，使用的工具也比较单一，往往是在自己的经验上年复一年地重复耕作，创新速度缓慢。在数字经济下，农业种植、生产、经营活动中的各个工序被逐一分解，然后再将若干个工序进行组合，由此产生了一个全新的岗位，而这些新的岗位都有一个相同要求：必须具备一定的数字化技能。农民为了适配这些岗位，不得不进行数字化学习，提升自己的数字化技能，这个过程就是劳动者的自我变革。劳动者的自我变革本质上就是提升人力资本水平的过程，它能够让劳动者发挥出更大的个人价值并反馈到产品价值上，最终呈现的结果是提升了农业生产率。例如，传统农业下农民利用锄头、镰刀等基础工具，数字时代开始推行农业机械化，但是应该如何操作这些农业机械设备呢？这就需要农民去主动学习。不仅在种植环节需要劳动者的自我变革，在生产经营的各个环节也都需要。以流通配送环节为例，传统农业派送员与商家之间的沟通是以电话为主。而在数字时代下，随着平台经济的介入，派送员也需要学习新的数字技术，入驻各式各样的派送平台，在平台上完成从接单到派送的全过程。当下，不论是外卖、网约车、市内快送，都已经接入了平台经济，如果派送员守旧不愿变革，被淘汰是必然趋势。

数字经济能吸引高素质劳动力来到乡村。在乡村振兴工作中，人才振兴是基础，也是核心。数字经济已经逐步渗透到乡村产业，并催生出许多全新的经济业态，带来了更多的乡村就业机会。有一部分年轻人对自己的家乡有浓厚的情感，在乡村有就业机会的前提下，他们是很愿意回乡发展的。这部分年轻人愿意在学习完成后回乡发展，从事与农业相关的事业。返乡就业的年轻人接受了大学的高等教育，具备一定的理论基础，有很强的自主学习能力，乐于接受新鲜事物，并且拥有良好的创新精神、敢于尝试。相比于老一辈农民，返乡的年轻人还有一个优势：对数据经济的敏感性高，他们的加入为农业发展注入了新鲜力量。在实际的农业生产经验中，他们往往会自发地进行数据记录，通过数据整理和分析找到种植、生产、经营中更好的解决方法。他们也乐于将方法共享给村里的其他人，带动全村人共同进步，这也在无形中提升了劳动者自身能力。

数据经济时代也为劳动者能力素质培训带来了新的方式。马克思理论中提到，劳动者想要获得更多的劳动技能技巧，成为更加优秀的劳动力，就需要接受特定的教育和训练。劳动者是农业工作中的主体，传统农民的培训方式多为"言传身教"，从其他农民那里接受经验。这种传统培训方式的优点是面对面亲授，能把具体的细节步骤讲解得极为细致，并且基于其他农民实践得出的经验，可信度高，但也存在明显的缺点，比如教育成本高、农业回报率低且试错成本高。受地域的影响，在数字经济之前，我国接受过系统农业理论和农业技能培训的农民少之又少。在乡村振兴的背景下农业快速发展，乡村中出现了许多以农业为主体的中小企业，故而对农民的要求也在不断提升，除了要具备种植知识之外，还要学习农业营销、规模经营、企业管理等诸多关联知识。依托于数字技术，农民培训方式变得更加灵活，学习方法变得更加便捷，培训课程的辐射范围也大面积增加。农民可以根据自己的意愿和喜好，学习感兴趣的内容。由于培训课程以网络课程为主，结合短视频以及各类自媒体，使得农民培训的成本大幅降低，趣味性提升。乡村政府鼓励农民接受技能培训，除了提供网络资源之外还会对场地、资金等提供实质性帮助，进一步降低了农民的学习成本，有效提升了农民学习的积极性。

其实，一些国家在此方面已经为我国的乡村劳动力培训提供了可借鉴的经验。2015 年，美国华盛顿特区与微软公司开展合作，通过教育和培训项目来帮助弱势群体，一方面能够降低乡村劳动力的就业门槛；另一方面又能提升数字技能，由此缩短数字鸿沟带来的差距。英国和丹麦在农业培训和数字农业方面也有一些值得借鉴的做法。他们专门建立了农业交流网，网站上也有一系列的培训资源可供农民自主学习；网站上除了有免费的学习资源之外，还有专业的培训机构入驻，可远程为乡村农民提供一对一的技术咨询，通过新型数字技术将农业劳动力与现代化农业联结在一起。根据 2018—2023 年我国农业农村部连续几年发布的数据来看，高素质农民的人均生产经营纯收入显著提升。由此可见，乡村劳动力培训对乡村居民收入增加有正向帮助，能够增加乡村产业的附加值，是提升农业生产率的重要手段。

（二）劳动工具变革与农业生产率提升

原始社会人们运用木、石等最基础的劳动工具，夏商西周时期开始引入了青铜农具，春秋战国时期铁犁、铁锸、铁锄等铁制农具开始出现，农业劳动生产率大幅度提升。进入工业时代后，机械生产逐渐替代了手工劳作，机械的出现提升了工业生产率。由此可见，不论是原始社会逐步发展到农业社会，还是从农业时代进化到工业时代，每一次变革的背后都伴随着劳动工具的变革。在《资本论》中提到，一个工作是由许多个繁杂的工序组成的，将这些繁杂的工序进行拆解，转变成若干个简单的动作，然后让机器去完成这些简单重复的工作。这就是劳动工具变革能够提升生产率的底层技术逻辑，不仅大大提高了生产效率，且相比于传统手工劳作还有三个方面的优势：其一，能够缩短工作时间，因为机械能够始终保持相同的工作速度；其二，能够减少人工成本，一台机械就能够完成好几人甚至是好几十人一天的工作任务；其三，保证工作质量，机械可以始终按照设定好的程序工作，保证产品合格率。

在数字经济时代，这一技术逻辑同样适用。简单来说，数字技术就是将人们日常生活中看到的文字、图片等信息转换成一串计算机能够读取的专属编码（二进制数字编码），然后将这串数据编码根据实际需要进行储存、分析、传递及再加工的一种技术。就以现在人们谈的最多的人工智能为例，是将人们生活中一系列复杂的行为进行简化，全部处理成计算机能够识别的二进制数字编码。那么这些二进制数字编码就具有了普适性，以后不论在什么机器上，只要这台机器能够识别二进制编码就能够运行人们所要设定的举动，操作简便且提升效率。回到农业技术上，数字技术的广泛应用催生了许多农业智能设备。就以传感器为例，它们能够在日常的农业工作中生成数据，例如能够监测土壤环境，记录土壤的酸碱度、水分、溶质、矿物质等各类数据，还有些传感器能监测天气条件和动态作物生长情况，这些数据能为农民提供更加准确的指导。传统农业时代农民只能依靠个人经验，无法准确地预测自然气候，农业生产具有不稳定性。农业智能设备的出现，在一定程度上改变了农民的生产方式，让农民的种植更有保障。国际上，已经有发达国家给我们做了示范。美国在 20 世纪 80 年代就已经在农业上引入智慧系统监测土壤和气候数据，通过数据分析提前预告未来可能出现的恶劣天气，让农民及早做好应对准备。此外，智慧系统还能够根据掌握的数据给出指导建议，提升农民的经济收入。美国将此称为"精准农业"，它的技术逻辑是通过技术和设备，让农民能够在相同的时间里获得更高的收益，或是相同的工作量农民能够用更少的时间完成，将省下来的时间投入其他的农业工作中，实现农业生产多元化发展。

劳动工具的变革，改善了农民的作业环境。一提到农业作业，大家想到的就是"面朝黄土背朝天"的辛苦，插秧、施肥、收割等一系列的全过程都需要由人力完成，不仅人工成本高、效率低，且对老一辈农民身体上造成一定劳损。在数字经济时代下，随着物联网技术的引入，大量的农业技术设备进驻，温度、湿度、光照等各式各样的传感器能够实时采集数据，农民坐在家里通过手机或者电脑就能够随时监控大棚数据，点一点手机发出指令，设备就能自动完成浇水、施肥这类基础操作。传统农业时代，一个农民最多只能负责几亩田地，犁地、起垄、种植、浇水、施工、采摘、收割等，每个环节都要人工完成，随着农用机械设备的普及，农业效率大幅度提升，这些工作都能够由相应的机械化设备完成，原本几人几天的工作量现在缩短至几个小时就能完成。以上海崇明区翠冠梨数字农业示范基地为例，该基地引入了水肥一体机，这个机械设备会根据监测到的土壤情况自动调配好所需的水肥比例，在设定好的时间里自动浇水、施肥。此外，果园里还引入了机器人，这些机器人不仅肩负起了果园看管的重任，还会根据需要对果树进行消毒。消毒时采用的是喷灌技术，喷洒精度是厘米级别的。与传统农业的人工喷洒相比，在成本上，不仅节省人工成本，还能够节省 1/5 的用量；在效率上，喷灌技术是人工喷洒的 30 倍。基地里的农民并不多，他们多数时间是在家里或是大棚里，通过手机查看数据，通过监控可以多角度查看植物的生长情况。不必天天风吹日晒，极大地改善了农民的工作环境。

（三）劳动对象变革与农业生产率提升

劳动对象变革，促进农业生产可持续发展。马克思认为，人类在自然领域中能够获得的最大自由，是基于人类与自然合理的物质置换，而不是盲目地一味索取，想着用最小的消耗从自然界中获得最大的收益。时至今日，马克思的思想仍然适用，在今日的农业生产中，我们不能按照自己的想法肆无忌惮地对自然界进行改造，必须考虑生态资源的可持续性发展，因此在发展乡村第一、二、三产业时必须严格遵守生态要求。传统农业大量使用化学物品、塑料制品，导致许多地区的土地质量下降严重，如果不进行土地整改可能几年后就无法再用于农业种植。数字技术的普及，让乡村开始陆续引入一体化监控系统，将土壤情况数字化，通过实实在在监测到的数据对土壤情况进行整改。结合土地的实际情况以及国家农业约束标准，在众多的农业化学物品中选择最合适的产品，既能够为农作物提供所需的养分，又能够避免土壤进一步恶化。传统农业因为缺乏数据指导，导致农民追求短期效益而过度使用化肥，严重破坏了土地的再生能力，与农业可持续发展的原则相违背。监控系统就很好地解决了这个问题，严格控制农药化肥的用量，给土地足够的休息时间，提高土地资源长期使用率和产出率。此外，经济合作与发展组织（OECD）已经对"农业减排"提出了要求，许多国家都已经陆续出台了农业减排的相关政策和措施，我国已经将数字技术引入气候智能系统中。该智能系统能够对农业所产生的温室气体进行监测，当超出安全范围时及时提醒甚至是主动干预，其目的是在保证农作物产量的前提下，降低温室气体排放量，并侧面减少农业用水。

农产品加工作为乡村农业发展的第二产品，是乡村经济发展中的重要环节，它能够实现农业增值，将农产品和市场需求连接起来，不仅提升了农业效率，还能够促进农业可持续发展。随着农业种植发展得越来越好，我国的农产品加工业的需求也越来越大。通常，农产品加工不是在原产地完成，所以涉及农产品的运输问题。如果运输时间特别长，不可避免会造成农产品损耗，损耗越大，农民的收入损失也越大。数字经济能够通过大数据分析能够找到市场缺口，将农产品运往有需要的地区，减少路途中的损耗。在产品研发方面，大数据能够抓取消费者的喜好并进行分析，从而设计出迎合市场喜好的产品，这有助于企业找到产品研发方向，避免走弯路。在产品生产方面，数字技术能够对生产全过程严格监控，提高产品合格率，有效避免因为样品抽检不合格而导致的生产损失。在生产设备方面，企业管理者能够利用数字手段更加直观地看到设备的运行及使用情况，对于出现故障、老化的设备及时进行维修和维护，保证设备能够以更加合理健康的节奏运转，避免短期内过度使用设备而造成的不可逆损伤。在仓储方面，每一件商品入库时都会及时更新入库信息，方便仓管员了解商品存放位置，提高仓管的工作效率。此外，也能够根据订单数量及时调整原材料的数量，提高企业的库存周转率，从而降低企业的资本占用。在物流配送方面，能够对每件农产品从原材料、加工、销售、运输全过程监控，有需要可随时调取数据，每件产品都能做到溯源追踪，保障良好的市场秩序。

在乡村振兴发展中，第三产业也是不可缺少的一环。在国家的乡村旅游产业部署工作中提到，乡村旅游产业的形式要更加多样化，除了传统的乡村景区开发之外，还可以展示民俗文化，打造红色旅游景区，提供蔬果采摘等，给游客更加丰富的旅游体验。乡村旅游项目经济效益高，但同时涉及的主体多，在数字经济之前，常常因为各主体之间协作不畅导致资源整合度不高，有限的资源未能充分开发利用，还给乡村造成了污染，最终影响了乡村农业的正常发展。数字经济时代，数字化管理平台上线，借助大数据能够对整个景区的道路、商品经营甚至是废弃物进行管理，从而进行合理的布局，将有限的资源放在能够产生最大收益的地方。从供方的角度看，旅游业对信息技术的依赖远远超过其他行业。当游客有了旅游的想法，会如何选择旅游地点呢？最常见的是网络搜索，只要游客搜索了关键词，在大数据的帮助下就有机会将景点推送到游客面前，至此实现了景点与游客之间的初步联结。从需方的角度看，数字经济下能够获得更好的旅游体验。游客最担心在旅途中出现"强买强卖"或者是"挂羊头卖狗肉"的行为，有些景点夸大宣传，导致游客到了现场十分失望但又投诉无门。现在，景点推出了智慧景区系统，微信扫一扫就能了解景点的资料并获取帮助，在公众号上能随时反馈意见，让景点接受来自各个渠道的监管。

（四）组织管理变革与农业生产率提升

传统农业中，农业的经营主体是零散的小农户。小农户有几个突出的缺点，例如耕种面积小、区域不集中、资金短缺，限制了农户的成长，如果依然还是坚持单打独斗，是没有办法做大做强的。数字经济下出现了许多新型农业经营主体，最常见的就是农村合作社。新型农业经营主体将这些零散的小农户连接起来，加入现代化机械农业设备，让零散的农户慢慢变成了一个整体。新型农业经营主体的出现，不仅促进了农业的专业化、规模化、标准化、机械化生产经营，还有助于提高农产品的附加值[①]。新型农业经营主体能够带领农民更加有计划、更加科学地从事农业活动，优化资源配置，实时收集农户的反馈和需求，提高决策效率。例如，农户对下个阶段要种植的农作物有不同的想法，此时就可以借助大数据对外部市场进行分析，结合农户的意见，最终作出一个让大家都信服的经营决策。换个角度看，乡村振兴高质量发展是国家的政策，但是应该如何具体实施呢？在每个乡村中都需要一个领头企业来带领这些零散农户朝着一个方向努力，这个领头企业就是农业经营主体。老一辈的农户由于文化程度较低，接受市场信息的速度偏慢，导致抵抗市场风险的能力比较弱，因此非常需要领头企业的带领，将零散农户慢慢向规模化经营转变，提高农民收入。另外，零散农户在经营市场中处于弱势，单独谈判没有优势，集中起来就有了谈判的底气，能够让农产品以更好的价格对外销售。

　　组织管理变革还体现在农业企业中。在传统的农业企业中，组织管理模式多数都还是保持科层制结构，这种管理模式看似每个层级之间边界清晰，但只要深入探究就会发现存在很多的弊端，如组织过于分化、资源分散、管理层冗余职责不清等。数字经济促进组织管理变革，各个岗位分工进一步细化，强调协同合作，有效避免了传统组织管理下职责不清的情况。另外，各类平台和管理系统的出现，让管理趋向于网络化。这种新型管理模式除了能够减少企业的管理成本，提升农业生产效率之外，还能够激发员工在企业中

---

① 李朝阳，王耀．新型农业经营主体在运营过程中存在的若干问题思考[J].山西农经，2024(15)：61-63，141．

的创造性。新型管理模式通常是采用企业管理系统，来提升企业的管理水平和运营效率。这种模式具有智慧化、可视化、集成化的优势，不仅能够提升内部管理效率，还能够更好地适应外部市场环境，提高竞争力。新型管理模式中的线上沟通和协同协作，能够有效提升企业上下级沟通效率，避免信息在传递过程中"失真"的情况发生，对于缩短业务流程办理时间有正向帮助。企业的组织管理水平提升，在管理上完成降本增效，也会间接提升农业生产率。

第二节　数字经济对农村产生的影响

一、系统整合与优化城乡资源

（一）加速生产要素在城乡之间的双向流通

生产要素是经济学中的一个基本概念，是指在生产经营活动中涉及的各类资源。生产要素的种类很多，归纳起来可以分为劳动力、资本、土地、技术、信息、基础设施、制度、市场、环境、企业家才能十大类。数字经济的出现，加速了部分要素在城乡之间的流动速度。以下五类进行说明。

（1）劳动力：由于乡村缺乏工作机会，导致大量的高素质人才都留在了城市，只有极小部分的人才在乡村发展。数字经济下，乡村的就业机会增加，各类公共设施逐渐完善，越来越多的高素质人才开始流向乡村。

（2）资本：国家加大对乡村各类基础设施建设的投入，同时引导各类金融机构在农村布点，鼓励金融机构多接触农业企业，向有需要的农业企业提供资金帮助。

（3）土地：对自然资源的总称，包括土地、水域、森林等。借助数字农业，乡村土地资源的利用率得到提升，进而提高了农业生产效率。另外，还可以结合乡村特色，利用土地大力发展第三产业，吸引更多人前往乡村旅游观光，促进乡村文旅产业发展。

（4）企业家才能：随着电商的崛起，越来越多的年轻人主动回乡创业，这部分优秀人才使得劳动力资源往乡村流动，对于带动乡村经济发展起了至关重要的作用。

（5）基础设施：国家持续推进乡村的供水、供电、交通、通信等多方面的基础设施建设，为乡村居民生活提供必要的硬件支持。

（二）促进城乡公共资源配置合理化、公共服务发展均等化

城乡公共服务是指以政府为主导的各个公共部门为提升居民生活质量而提供的各类服务，包含医疗、教育、社会保障、住房保障、公共安全等诸多方面。城乡公共服务的主要目的有三：第一，实现城乡资源的合理分配；第二，提高城乡居民的生活质量；第三，促进城乡社会和谐稳定。在传统的公共服务供给流程中，确实存在一些普遍的挑战和缺点，这些缺点一定程度上限制了公共服务的效率和质量。例如，供给主体太过单一。传统流程中，政府是唯一的供给主体，这保证了服务的秩序，但同时也决定了服务缺乏多样性；同时，由于供给主体单一，缺乏竞争和激励，所以服务难免出现懈怠的情况，办事效率低下；此外，政府部门单方面主导整个服务进程，流程透明度不足，居民无法第一时间了解流程进度，即便想要提出反馈或意见，也没有渠道。这些问题导致居民的多样化需求无法满足，因此我国一直在探索公共服务变革道路。数字经济的出现为城乡公共服务变革之路提供了新的机会。

乡村振兴高质量发展离不开乡村公共资源的合理配置，这是共同富裕的前提也是保障。由于城市聚集了更多的人力和资本，导致我国公共资源配置不够合理，明显向城市倾斜。数字经济的出现，为城乡公共资源合理化配置注入了新的动力。在医疗资源方面，优秀的医生多数在城市医院，乡村的医疗条件始终比较落后。随着远程医疗的出现，在一定程度上解决了乡村居民"就医难"的问题，在偏僻的山区也能够通过互联网就医，缩短了看病的时间。在教育资源方面，网络教育弥补了乡村教育资源的不足，让乡村的孩子也能

够有机会接触到更多的资源，通过网络了解更多的教育信息，消除信息差，让教育变得更加公平。在居民生活方面，物流的快速发展消除了乡村"最后一公里"的难题，让乡村居民也能和城市居民一样，随时随地享受网购的便利。在法律援助方面，乡村居民可以在网上向律师发起求助，避免因为知识盲区而触碰法律红线。数字经济之前，资源要素受到地域的限制，无法在"城"和"乡"之间快速流通，数字技术打破了这种限制，让城市公共资源开始逐步流向乡村。

（三）助力形成城乡一体化消费市场

高融合性是数字经济的特点之一，因此数字经济加速城乡一体化消费市场的形成。农村电商快速发展，电商平台依托大数据等先进的数字技术，借助各类农产品，打通城市和乡村之间的供应链。城乡一体化的消费市场不仅能够加速城乡资源的双向流通，还能够同步拉动城市和乡村两端的消费水平。乡村农产品的特点是低成本，电商平台的特点是高效率，农村电商是将这二者的优点进行融合，实现强强联合，通过互联网和全国各地的消费者对话。电商直播作为一种新型消费模式，对农产品销售的帮助是有目共睹的。电商直播的创业规模逐年扩大，突破了地域限制，其独特的优势是在直播过程中可以非常直观地将农产品的外观、特点展现在消费者面前。就以橙子为例，在销售时主播告诉消费者橙子汁水丰富。传统电商是借助文字、照片和视频来表达这一特点，然而文字是可以造假的，照片是可以软件处理的，视频是可以拼接的，消费者对这些描述方式已经失去了信心。在直播时主播挤压橙子流出汁水，让消费者直接看到橙子的汁水有多么丰富。因为直播是实时的，造假的难度高，所以消费者的信赖度更高。慢慢地，在直播间购买农产品已经成为年轻人的主要选择，去除了繁杂的中间商环节，消费者能够以更低的价格买到新鲜的农产品，农户也不必担心产品滞销，实现了消费者和农户之间的双赢。

渗透性强是数字经济的另一特点，因此数字经济对于农村产业规模化也有一定的帮助。随着农村电商的规模不断扩大，网络正外部性作用逐渐增强，用户基数快速增长。所谓"网络正外部性作用"是指每一个用户的加入，不仅会给自己带来新增价值，同时也会为其他已经存在的用户带来新增价值。当用户数达到一定规模后，新用户的加入又会吸引更多用户的加入，由此形成了正反馈循环。例如，一位消费者购买了农产品，在自己的社交平台上发布了一个帖子，向网友分享自己的感受。那么，在这个帖子的下面可能就会有很多有需求的网友向其索要购买链接，这就吸引了其他的用户一同加入购买环节，这个过程就称为正反馈循环。正反馈循环一旦产生，就能够为乡村企业带来更多的收益，农村产业规模化发展也会逐步形成。数字经济依托于互联网打破了空间和时间上的限制，企业通过吸引用户来实现规模经济——这种规模经济的形成与传统经济并不相同，并不依赖于生产多种产品，而是通过企业之间的互相协作为用户提供个性化的服务。数字经济带来的长尾效应也是非常可观的。就以小众产品为例，在传统经济时代，小众产品难以打开市场，数字经济很好地解决了这个难题。通过大数据、云计算等数字技术能够精准地找到目标人群，在电商平台上部分小众产品的销售量和销售收益并不逊色于热门产品。

二、有效改善乡村的生态环境

人们已经意识到想要实现乡村经济长久、有序发展，良好又可持续的生态环境是前提，这也是乡村振兴高质量发展中至关重要的一环。想要快速发展经济这无可厚非，但绝对不能以牺牲生态环境为代价。因此，如何平衡经济发展与生态环境这二者之间的关系，一直是乡村振兴工作中的重难点。数字经济时代下，借助于现代化的技术手段，人们在这条探索道路上取得了阶段性的成果。下面就从三个方面进行阐述。

（一）实现农业绿色生产，减少农村生态污染

在没有引进现代化设备之前，农民依靠化肥、农药来提高农业产量，对

生态环境造成了严重的影响。乡村农业绿色生产的概念正式被提出后引起了社会各方的高度关注，并且在 2017—2024 年短短的 7 年时间里，相关实践已经取得了显著的成果。通过引进现代化数字技术，将乡村现有资源被最大限度地保留了下来，并且乡村资源的继续消耗也得到降低。数据显示，2017—2022 年，农用化肥、塑料地膜、农药等物品的使用一直在持续下降。就以塑料地膜为例，过去农民为了除草、土地保温保湿，经常大面积使用塑料地膜。虽然塑料地膜能够在一定程度上提高农作物的产量和质量，但却不利于农村生态可持续发展，会对生态环境造成很大的污染。在种植过程中，农业化学用品的使用也是不可避免的。过去，农民无法精准地计算农业化学用品的用量，不仅耗费了更多的时间、精力和金钱，还会造成生态环境污染，不利于土地的恢复和使用。在数字经济时代下，乡村农业也开始使用现代化的农业工具，如引入无人机，对农业化学用品的用量更加精准，增"产"的同时又不增"污"。根据相关的数据统计，2013—2022 年，我国的机耕率、机播率、机收率持续上升。由此可见，我国乡村农业的机械化水平正在稳步上升，这不仅能够提高农业生产效率，更是实现农业绿色生产的重要手段。

农业废弃物资源利用率上升，也是乡村农业绿色生产取得的一大显著成绩。乡村常见的废弃物资源有秸秆、粪便（包括人和家禽）及污水等。为了将这些资源"变废为宝"，从 2003 年起国家就开始建设农村沼气的相关工程，从 2009 年起，农村沼气工程更是成为一项重点民生工程。2010 年，我国的年产沼气产量 14.2 亿 m^3，经过 10 年的发展，到 2021 年，我国的年产沼气产量达到了 34.24 亿 m^3。沼气工程是乡村振兴发展中的重要工程，它不仅能够在一定程度上解决乡村生活能源问题，更重要的是能够显著改善乡村的居住环境和卫生条件。因此不论是在经济效益、社会效益还是生态效益方面，都扮演着重要角色。过去，乡村中几乎看不到废弃物加工厂，经过几年的时间，乡村环保企业和绿色企业在慢慢增多。就以秸秆为例，农作物收获后家家户户都会产生大量的秸秆，过去的处理方式是就地焚烧，或者是直接留在土地上做肥料，还有一些是带回家里代替木柴生火做饭，只有很少一部分会通过村集体进行集中回收处理。这些传统的处理方式看起来方便快捷，但会对生态环境造成影响，而且会造成生物资源的严重浪费。有了乡村绿色企业之后，农民就可以将秸秆运往废弃物加工厂，既能增加农民收入，又能实现资源循环利用，还能减轻生态环境压力，实现"三赢"。

踏踏实实立足于乡村本身，会发现乡村村容村貌也得到了很好的改善。过去，人们之所以更加向往城市的生活，除了城市发展机会更多之外，也是觉得城市的生活居住条件更好。年轻人大学毕业后不愿意回到乡村，因为在人们的印象里，乡村就代表着"落后"和"脏乱"。随着乡村振兴战略推进，乡村农业绿色生产的理念越来越深入人心，在国家的带领建设下，各级政府持续推进环境整治工作。乡村"塑形"工作涉及河流、道路、闲置地、庭院以及公共空间等。以前人们提到乡村，总会想起尘土飞扬的场面，但现在乡村根据自身情况将土路或者砂石路改造升级为硬化路，自家门前的闲置道路或者庭院上种上了统一的花草，条件允许的地方还建设了公园和其他休闲娱乐设施。不论是人均道路面积，还是人均绿化面积都大幅度增加，提升了乡村生活居民的幸福指数。

（二）健全信息服务平台，落实生态保护政策

在数字经济时代下，想要实现乡村经济的良性发展，必须将生态保护放在首位。生态保护政策不该只是一句口号，而应该要落实到乡村的每一个角落，只有这样才能够让更多的农民一同加入生态保护的队伍中。那么，应该如何号召农民加入生态保护的行列呢？依托数字技术，健全农业信息服务平台必不可少，这个平台能够让每一位农民都看到政府的号召，并且深入了解生态保护的具体措施。新的经济时代下，人们获取信息的方式已经发生了改变，以前人们习惯从报纸、广播、电视获取有效信息，网络时代下信息传播速度飞快，人们可以通过各种自媒体渠道了解到自己需要的信息。"信息差"被打破，这为乡村政府宣传生态保护政策提供了良好的支持。

简单来说，落实生态保护政策的过程是将政府的相关政策向农民宣传和扩散的过程，有了农业信息服务平台，就能够第一时间将信息传播出去，这也是数字经济时代下产生的新型模式。农业信息服务平台将政府最新的政策、管理经验和技术向外传播，让每一位农民都能逐渐把生态保护与自身关联起来。在新媒体出现之前，不论是农业推广还是政策宣传，多数是通过人员下乡授课的方式，或是下发图文资料，让农民自主学习。这种方式不仅耗费大量的时间精力，宣传范围和效果也都不尽如人意。农业信息服务平台很好地弥补了传统宣传方式的不足，不再受限于时间和空间，让农民能随时随地了解生态保护政策，若是对政策有疑问，还能够在平台随时与其他同伴进行沟通交流。

但我国的信息服务平台建设的步伐依然比较缓慢，这是因为我国土地面积辽阔，信息数据资源巨大，且分散在各个地区，信息的收集和反馈需要时间，并且目前还没有统一的渠道来处理相关的数据信息。另外，平台建设需要投入大量的人力和物力，建设成本高，如果仅依托个别企业或者是个体农户，这显然是不现实的。虽然现在网络渠道信息很发达，农民可以通过多种渠道获取信息，但是偏远地区的农户依然无法保证能够在第一时间获取最新资讯，这就导致农户无法及时获得市场信息和反馈。各个地区的农产品价格不能对齐，农户们无法掌握市场上最新的需求，又因为信息服务平台建设缓慢，无法及时介入，导致市场秩序混乱，陷入了恶性循环。不论是从哪个角度来看，健全农业信息服务平台都迫在眉睫。

（三）增强生态保护意识，带动农民保护环境

不论是依托农业信息服务平台，还是依托当下非常流行的"抖音""快手"等短视频平台，都使得网络线上教育可行性大大提升。过去，教育者必须是老师或者专家，但是现在每一位农业从业者甚至是每一位普通农民，都可以成为教育者，每个人都可以通过网络将自己的所学所得与他人分享。因此，在数字经济时代下，农民可以在网上获得免费的技术指导。同理，通过

网络也可以深度培养农民的生态环保意识。可不要小看这一举动，这是从思想上也是从根源上促进"乡村绿色生产"发展。就以绿色产品为例，如今消费者已经有了"绿色产品"的初步印象，农业信息服务平台介入，为绿色产品背书并提供强有力的技术支持，消费者可以在服务平台上看到产品完整的认证体系、溯源体系及促销政策等。消费者慢慢地认可了绿色产品，尽管可能这些产品的价格略高于市场上的其他产品，但他们也仍然愿意为这些产品的安全性和营养价值买单。供应商结合媒体，加大对绿色产品的宣传和推广，拉动绿色产品消费。这样，整个市场就形成了良性闭环，从供应者和消费者两个端口同时增强效应，加速绿色市场的建立，让绿色产品更加安全快速地在市场上流通。等到绿色产品投放市场后，农民就会看到成果，良好的经济收益比任何的语言都更具有说服力，这会让农民自发地投身于乡村绿色生产，建立更强的生态保护意识。

乡村生态环境持续好转，与乡村生态环境的修复工作也是密切相关。我国是人口大国，改革开放之后为了保证粮食供应不得不大量耕种，一定程度上对乡村生态环境造成了破坏。为了让耕地比例更加合理科学，在政府的带领下各地乡村积极投入"退耕还林"的工作中。"退耕还林"是乡村生态可持续发展的重要生态工程，在生态、社会和经济三个方面都有重要的效益。在生态效益方面，退耕是防止水土流失、涵养水源的重要手段，并且能够固土、固碳、防沙。在社会效益方面，退耕还林生态工程是对我国整个农业结构的一个阶段性调整，充分说明了我国坚定走在可持续发展战略道路上。退耕工作需要当地农民的加入，因此退耕还林工程也为乡村农民提供了新的就业机会，为农民增收提供机会。在经济效益方面，退耕还林的整个生态工程建设过程中，根据因地制宜的要求，在保证森林覆盖率的前提下，还加入了一部分的经济林果。此外，还有部分乡村结合当地的地理优势，在生态工程中增设了森林旅游产业，这些都为农民提供了新的收入渠道。退耕还林政策中有一项重要原则：谁经营、谁受益，这一原则明确了责任和权益主体，给了农民信心和底气，让农民自发自愿地承担种植、管理、保护植被的工作，让更多的农民愿意加入到退耕还林的生态工程中。

第三节　数字经济对农民产生的影响

一、进一步缩小了城乡居民差距

在 2022 年 1 月由中央网信办及农业农村部等部门联合印发的文件《数字乡村发展行动计划（2022—2025 年）》中特别提到想要借助数字经济推动乡村发展，必须脚踏实地，坚持城乡一体化发展路线。实现城乡融合并不只是一句口号，需要切实看到成果，其中一个直观的衡量标准就是缩小城乡居民收入差距。

一方面，数字经济时代诞生了新的经济模式和经济业态，拓宽了农民的销售渠道和获益渠道。过去，我国大部分农民的收入来源是农作物，而农作物当年的收成又与天气直接相关，收入渠道和模式都非常单一。农民是靠天吃饭，一旦种子播撒到土地后，人能够决定的因素就变得很少，如果当年的天气条件不好，那么这一年的收成都会受到影响。在传统经济时代，人们的购物行为受制于时间和地点，必须要在店铺的营业时间内到达商家店铺内，购物行为才能完成。但是，随着数字经济时代到来，购物变得轻松便捷，在任意时间、地点，只要有互联网和移动设备就能够完成购物的行为，突破了传统认知里地理空间的限制。2000 年后，我国的电子商务飞速发展，不仅实物被搬到了网络上，无形的服务也能够在网上实现销售。数字经济将"城"和"乡"进行有效链接，农民可以将自己种植的农产品通过电商平台往外输送，而城里的居民能够通过网络买到新鲜的蔬果食物。无形之中，"城"和"乡"形成了一个看不见的良性市场，各取所需，但是又能够共同获益，实现共赢。此外，随着短视频的兴起，打破了人们对乡村"落后""落伍"这样的刻板印象。

农民通过拍摄短视频不仅能够记录和展示乡村生活趣事，同时也能够向广大网友展示农产品种植的全过程，让网友们对自家的农产品更加放心。短视频拍摄一方面能够获取平台收益；另一方面又能够积累粉丝，为后续农产品销售奠定人群基础。城市的生活压力大，娱乐活动又比较单一，不少年轻人开始向往乡村生活，利用假期前往乡村游玩。打卡乡村、体验乡村生活成为新的热潮，带动乡村旅游经济，这些都实实在在为农民增加收入。

另一方面，数字经济时代提升了生产要素在乡村的流动速度，也侧面为农民增收。为了方便大家理解，下面从金融要素、劳动力要素两个方面分别举例说明。第一，金融要素。乡村企业的资金问题一直是难题，这与农业的客观情况有直接关系，因为种植业面临的风险大，受天气和环境的影响，存在很大的不确定性。就以水果和药材为例，虽然后期的收益很可观，但是前期种植时就需要花费大量的人力和物力，需要大额的资金投入，而且种植周期很长，两三年都不一定能够产生收益。种植期间如果再遇上恶劣天气或者是病虫害，这些都将直接影响农民的收入。介于上述这些风险，包括银行在内的各类金融机构面对乡村企业的确是不敢轻易放款。即便银行有心帮助农户或者是乡村中小农业企业，也常常因为缺乏可用于融资抵押的标的物导致贷款失败。数字经济时代下，国家出台了一系列的帮扶政策和贷款优惠，在国家的带领下，以银行为代表的金融机构能够更加大胆地接触乡村企业，为有需要的企业提供资金帮助。在上文中提到，具体的帮助比如拓宽贷款抵押物的范围、延长贷款时间等，这里不再赘述。第二，劳动力要素。在很长一段时间里，"走出乡村，扎根城市"是村里年轻人的愿望，因为乡村就业机会少，信息落后，即便部分年轻人有意愿在大学毕业后回到家乡，但也没有搜索工作的渠道。过去在农村找工作最直接的渠道是口头询问，拜托老乡帮忙留意、询问是最常见的方式。但这种模式效率低下，而且很容易出现信息差，成功率也不高。农村就业试错成本高，使得年轻人不敢大胆尝试。数字网络和农村电商的出现则大大减少了"信息鸿沟"，让年轻人就业范围变得更广，就业机会变得更多。自 2021 年起,线上办公模式越发流行,即便是在农村可以从事的工作也变得越来越多,农村居民就业率显著提升,相应的人均收入也大大提升。"城"与"乡"之所以会产生明显的收入差距,其核心原因就在于劳动生产率存在明显的差异。将农业和工业进行对比,工业生产率如果明显高于农业生产率,那么大量的劳动力就会从乡村往城市转移,时间一久,城乡之间的收入差距就产生了。所以,想要提升乡村居民收入就必须要想办法提高农业生产率,让农业生产率达到和工业生产率一样的水平,那么劳动力自然而然会慢慢往农村回流。以前,农民只有自己的一亩三分地,靠着锄头、镰刀这种最基础的农用工具在耕作,高成本却低收益。随着数字经济的推进,土地入股、规范化经营等丰富多样的经营方式被引入,提升了土地的利用率,也给农村经济注入新的力量。提高农业生产率的同时,创造出了更大的经济效益,推动乡村农业发展,带动农民增产增收,改善农民的生活水平。

我们再从"三次分配"的角度,来看看数字经济是如何缩短城乡收入差距的。"三次分配"是经济学中关于收入的一个概念,是一个地区收入分配的重要组成部分。收入的初次分配是由市场机制决定的,也就是过去经济学者们常说的"市场看不见的手"在无形之中操控和引导。在传统经济时代,农民这个主体通过初次分配得到的利益很低,而数字经济能够带动乡村经济增长,为中小企业提供更多的机会和空间,相应地,中小企业又为当地农民提供了更多的就业机会。政府、企业、居民多方协作,共同努力把"乡村市场"这个蛋糕一起做大,让农民获得收入的渠道和机会越来越多,从而提升了在初次分配中农民获得的收入。农民劳动能够获得多少报酬是由三个方面决定的,即技术、劳动生产率及资本使用率。这三个方面是密切相连的,技术的好坏决定了劳动生产率,技术是否创新决定了资本使用率。归根结底,农民劳动最终能够获得的报酬依赖于技术创新。数字经济带动了技术创新,使得农业机械化能够在乡村中大面积应用,在乡村农业中机械应用比例上升。相反地,人力投入比重大幅度下降,农业生产效率大大提升,因此农民在初次分配中的收入比例有所提升。乡村推行农业机械化，不仅能够提升生产效率，还带来了全新的农业产品附加值，催生了农村经济新模式。例如，农民将自己使用农业机械设备种植的过程拍摄下来发到自媒体账号上，这就能够获得一份额外的收入。一些年轻人回乡创业，成立自媒体公司专门拍摄农村生活，这些中小企业的出现为乡村提供了更多的就业机会。随着数字技术不断突破，农业生产中的许多具体操作也在不断创新，降低了一些技术工作的准入门槛。过去，农业机械设备的使用必须具备农业知识，同时对设备也要有一定的操作经验，但现在的农业机械设备越来越智能化，降低了操作门槛。许多农业机械设备企业都设置了"云客服"，在设备使用过程中遇到的困难可以远程进行指导。"云客服"是通过网络进行远程操作指导，对于办公地点没有强制要求，网上办公是可以实现的。乡村中的弱势群体——残障人士，因为身体的缺陷很难找到合适的工作机会，"云客服"这类足不出户就能线上完成的工作，为残障人士提供宝贵的就业机会[①]。

收入的第二次分配是由政府的财政和税收政策调节完成的。二次分配是在初次分配的基础上进行的调节，高收益者需要缴纳更高的税额，政府收取这部分税额后将其运用在农业补助、农村社保、病虫害补助等方面，实际上是通过政府这只"看得见的手"来完成征税和转移支付，以此缩小城乡之间的居民收入差距。因此，通过二次分配不仅能够在一定程度上缩小"城"与"乡"之间的收入差距，也能够缩小"乡"与"乡"之间的收入差异。政府的分配制度必须依托"预算"和"支出"两大数据，随着数字技术不断革新，政府能够提取出更加适配的数据，不仅能够将钱落到实处，还能在一定程度上加大监管力度。在数字经济时代下，政府依托数字技术能够制定出更加合适且具有激励性的二次分配制度，提高税收资金的使用率，真正做到将钱用在刀刃上。

第三次分配与前面两次存在一定的差异，是基于自发、自愿的原则，通

---

①　孙金成.云客服发展趋势与未来思考[J].电信科学,2018,34(S2):73-79.

过社会捐赠、公益服务、慈善机构等实现的。这些公益机构自愿捐献部分财产，参与扶贫扶弱的公益项目。经济学者总结，第一次分配的重点在于效率，第二次分配是对第一次分配的补充，注重公平性原则，第三次分配则是对第二次分配的有力补充，是社会道德力量、人道主义以及互助精神的直接体现。从金额上看，第三次分配相比于前面两次分配可能显得有些薄弱，但它是促进社会公平的重要手段。数字经济对第三次分配的作用体现在三个维度：主体、资源及结构。社会群体在获取和使用现代信息技术方面存在的差距缩小，大家获得信息的渠道变得透明，激发了更多主体参与第三次分配中，更多人投身于公益事业。根据中国互联网公益峰会的数据显示，从 2019 年起我国的公益事业关注度逐年升高，2019—2022 年，每年参与互联网慈善事业的都超过了 100 万人次，这里的参与包括了点击、关注及捐赠。2021 年，各个慈善机构通过互联网这一渠道筹集到的资金超过了 100 亿元，比 2020 年涨幅超过 18%。因此，建立统一且有公信力的慈善平台已经成为当下的重要任务，该平台不仅要向大众公示慈善大数据，同时也肩负着监督和预警的重大使命。

二、提高了农民物质生活水平

提升农民物质生活水平，除了体现在缩小城乡居民收入差距之外，提升乡村的教育、文娱、医疗水平，提供更优质的就业机会，这些也同样是需要努力的方向和目标。下面，就从数字经济对乡村教育、文娱、医疗及就业机会这四个方面所产生的影响，分别展开论述。

（一）数字经济提升乡村教育水平

随着数字经济的发展，乡村在提升经济收入方面取得了一定的成绩，然而乡村教育仍然面临着巨大的挑战。城乡教育水平差距大主要有三个方面的原因：其一，城乡地方教育经费有所差异；其二，城乡家庭愿意投入的教育成本有所差异；其三，城乡师资队伍差异巨大。根据《中国统计年鉴 2022》公布的数据，广东、江苏、山东是我国教育经费支出排名前三的省份。数据显示，东部沿海省份及中部省份在教育经费上的支出均较高，西北、东北地区的教育经费则相对较少。教育经费的多少直接关系到当地教育教学的质量，一般公共预算教育经费较高的地区拥有更多更优质的资源，这就导致有限的教育资源进一步向城市倾斜，而教育基础相对薄弱的地区与之差距越发增大。根据北京大学在《中国教育财政咨询报告（2019—2021）》中公布的数据，在九年义务教育阶段，我国城市家庭在教育上投入的经费是乡村的 3 倍；高中之后，城市家庭在教育上投入的经费是乡村的 1.5 倍。从数据上可以看到，虽然到了高中之后，城乡家庭对教育的经费差异缩小，但差距依然存在。九年义务教育阶段，城市与乡村之间的教育资源本身就存在很大的差距，然而乡村家庭因为收入较低，无法通过自身的努力来弥补这个差距，这就导致了乡村教育的升学率不高。在师资力量方面，2021 年城市与乡村专任教师的数量差距达到了最高值。在九年义务教育阶段，城市和乡村之间的专任教师差距虽然存在，但变化的势态还相对平稳；进入高中之后，专任教师的差距明显且每年都在加剧。师资力量的差距除了体现在人数上，教师团队的学历、知识涵养、教学经验都有着一定的差距。

上面提到的三个问题是既定的事实，也是乡村教育面临的实际问题。数字经济依托互联网平台，弥补了我国目前乡村教育的部分不足，在传统教育模式之下慢慢浮现出一种新型教育模式。乡村数字基础设备完善，我国开始陆续打造 5G 校园、智慧校园，推进教育数字化。通过教育数据共享平台，将全国各个地区的优质资源汇总到平台上，在保证安全和管理的前提下，向乡村学校开放端口，这样教育资源就能够全面实现共享。资源开放和资源共享已经成为数字经济下推行的优质变革，这能够在一定程度上解决乡村教育资源匮乏的问题。比如，教学模块里推出的"名师课堂"这一功能，学生有机会接触到国内外优质的教育资源。学生在课堂上对某个知识点不理解，感觉课堂上老师讲解的方法学习起来有些吃力，课后回到家里就可以点击这个模块，看看其他老师对这个知识点是如何讲解的。例如，在小学课程中"鸡兔同笼"是经典题型，在课堂上教师通常只能讲 2~3 种常用的解题方法，然而这个类型的题目在互联网上已经有超过 7 种解题方法。因为课堂时间有限，教师没有办法全部讲解，学生就可以通过自学，在多种方法中找到一种最适合自己的方法，提高解题速度。教育部门还对平台资源数据进行整理归纳，将闲置资源转送给有需要的乡村学校，不仅提高了教育资源的利用率，也打破了城乡教育资源的屏障，进一步实现了资源共享。此外，共享平台对于提升师资力量也有一定的帮助，平台开放了教师再教育共享端口，教师在平台上就可以自我研修，提升教育水平的同时又能提升数字技能。由于数字经济带动了乡村经济的发展，乡村的设施逐渐完善，生活质量有了显著的提高，吸引了一批年轻人来到乡村工作。这部分年轻人中很多是从家乡走出去的，学成后回归，他们对家乡有归属感，具有较强的稳定性，愿意投身于乡村的教育事业，这在未来一段时间里弥补了乡村教师的短板。

（二）数字经济促进乡村文娱消费

造成城乡文娱消费差距的原因很多，总结起来主要是三大块：居民收入、金融发展及政府支出。在居民收入方面，经济学者李晓琴基于 1997—2016 年的省级面板数为基础进行研究，发现城乡居民收入差异与城乡居民在消费上的差异正相关，且收入差距越大，城乡消费水平的差距也会随之扩散。以李国正为代表的经济学者通过对 2005—2014 年城乡居民收入及消费数据进行分析，发现城市居民收入增加对消费的促进作用明显要强于农村。假设城市居民和乡村居民每年收入上涨同样的金额，但城市居民愿意在文娱方面花费更多的金钱。经济学者何春丽发现，除了居民收入之外，金融发展也与居民的文娱消费有着直接的关联。如果居民感觉到自己的收入具有很强的不稳定性，那么就会产生危机感，这种危机感会直接抑制他们在文娱方面的消费。城市的金融业发展能够在一定程度上缓解居民的这种不安全感，从而促进居民的文娱消费。但由于我国的城乡金融发展不够均衡，乡村金融业发展明显落后于城市，因此当居民产生不安全感时，乡村金融业没有办法像城市的金融业那样起到安抚居民的作用。总的来说，城乡金融发展对文娱消费的促进作用，存在明显的差异性。在政府支出方面，经济学者张晶基于2007—2015年超过30个省份的面板数据为基础进行研究，最终发现政府支出对缩小城市文娱消费差距具有一定的促进作用。经济学者洪源以2002—2014的省级面板数据为基础，研究发现居民文娱消费支出与政府支出有着直接的关联。当地政府在民生方面的支出，或者准确来说，对文娱教育事业的支出，不仅可以直接影响当地居民在文娱方面的消费支出，还能够改变居民消费结构，使得居民消费结构更加合理化。

由于我国城乡发展不平衡，直接导致了城乡在文娱资源上的分配的不均衡。大部分的文娱资源都落到了县级以上的地区，少部分的资源分配给乡和镇，而能够落到村里的资源可以说是少之又少。另外，在基础设施建设上也存在极大的不平衡。以移动支付为例，城市里大到商场店铺小到摆摊商贩都能支持，然而在乡村移动支付的普及率并没有那么高，支付的便捷性一定程度上降低了消费欲望。根据马斯洛的需求理论，当人们基础温饱都无法保证时，就会压缩对教育、文娱等这类较高层次的消费。数字经济在优化资源配置的同时，也能够有效缩小城乡在文娱方面的差距。

在数字经济时代，农民有机会获得更加丰富多样的文娱消费。过去，农村信息闭塞且交通不方便，加之文娱基础设施落后，几乎没有太多的文娱活动。就以电影为例，许多村里都没有电影院，想要看电影就只能驱车到镇上，不然就只能在村口共同观看"露天电影"。数字经济时代，以互联网为载体，农民也可以在任何地方任何时间获得相同的信息资讯。另外，数字技术在文娱方面也为农民提供了更多的选择。例如，这两年很流行的"线上音乐演出"，已经成为一种全新的经济模式，深受年轻人喜爱。观看"线上音乐演出"成本很低，可能只需要花费传统的音乐1/10的费用，不需要路费、住宿费，也不需要舟车劳顿，一台手机就能够观看。这种全新的经济模式使得文娱消费的门槛大大降低，并且收获到与城市平等的消费服务。数字经济时代下，数字金融使得居民消费的便捷性大大提升。如今，只需要拿着一部手机就可以放心出门，不论是打车、吃饭、购物，都能轻松解决。以支付宝、微信为首的电子支付，比传统支付的便捷性和流动性更强。借助于美团、大麦、大众点评等文娱消费平台，以及微信、支付宝等电子支付，数字经济在一定程度上也促进了乡村文娱消费。

（三）数字经济增加乡村就业机会

随着数字技术升级，新技术的出现也会带动新产业的出现，如电子商务的出现带动了物流业的发展，而物流业除了需要前端司机和搬运工之外，还需要后端的客服实时为用户提供服务，这就产生了大量的物流业后勤岗位。尤其是服务业数字化使得市场分工变得更细，从而诞生了许多新的经济业态，如平台经济、共享经济及备受关注的直播经济等。而这些新的经济业态下又产生了许多新的岗位，如外卖员、超市货物派送员、市区货物派送员、网约车司机、代驾等。这类岗位的特点是需求量大、技术门槛相对较低且具有很强的地域局限性，为乡村居民提供了大量的就业机会。这里的地域局限性是指就业人员只能在一定地域范围内提供服务，广州的滴滴司机不可能开到北京去，外卖员的地域局限性就更强了，只在居住地几公里范围内提供服务。因此，这类岗位的需求量很庞大，即便是一个小乡落也有需求。

提到数字经济下产生的新的经济业态，不可避免会提及乡村电商，也可称为农村电商。乡村电商是将地域经济与数字经济紧密结合的典型代表产业，为乡村就业提供了大量的机会和岗位。尤其是在"直播经济"的加持下，乡村的就业机会再度被拓宽，同样需要技术型人才的加入。例如，现在农村里不乏全网粉丝过百万的大主播，这些主播有些是以分享农村生活为主，有些是以带货销售为主。但不论是哪一类主播，只靠自己一人是无法完成的，需要团队共同协作。团队中需要策划、文案、拍摄、剪辑、客服等诸多专业人员，若是依托平台的大型销售团队还需要专业的数据分析检测和用户关系管理的岗位，这些也都带动了乡村就业。

在制造业方面，数字经济推动制造业变革，加速制造业数字化转型的进程，在这个过程中也产生一系列新的辅助岗位。例如，负责生产流程协同管理的"数字化管理师"，维护智能化技术的"系统运维"，等等。制造业数字化转型完成后，规模必然会壮大，这不仅会增加对原材料的使用，也会带动上下游产业的发展，侧面增加了乡村居民的就业机会。在农业方面，我们看到数字技术的快速应用和发展，使得农民不得不进行数字化的相关学习，适应农业机械化的新模式。农民不断提高知识储备，提升数字化技术能力，这也是在为自己蓄力，为职业发展铺路。

（四）数字经济改善乡村医疗环境

数字医疗背景下，乡村获得了更加便捷、高效的就医环境。过去，由于乡村医疗资源匮乏、医疗信息闭塞，就医极其不便，许多农民抗拒医院，甚至到了谈"医"色变的地步。生小病就硬扛着，生大病就到镇上诊所抓两副药吃一吃，可能有些刚开始只是小毛病，但拖着拖着就变得严重了。事实上村民们看病的确是件麻烦的事情，要一次次跑医院，尤其是在交通相对不那么便利的地方，进城一趟可能就需要花费一天的时间。随着互联网覆盖率的大面积提升，数字技术慢慢接入医疗体系，让乡村居民了解医疗知识的速度提升，渠道也更加多样化。通过互联网可以网上查询健康知识，通过"网上医院"可以随时预约看诊，许多医院还推出了"远程咨询"的服务，原本不敢想象的医疗方式如今变得触手可及。远程就医的模式不仅能够满足乡村居民快速就医的需求，还能够帮助居民降低就医的费用和成本。比如，许多医院检查通常当天是没办法出报告的，只能等几天后再跑一趟医院将报告给医生看。数字医疗实现后，居民通过"网上医院"就能够查询到自己的检查报告，再通过"远程咨询"模块就可以将报告发给医生看，实现网上就医，不仅降低了就医成本，还保证了就医时效。国家正在大力推动乡村居民的医疗"数字能力"，让乡村居民学会使用各类新型"网上医院"，进而通过数字医疗技术帮助居民进行健康管理，改善自身健康状况。

三、不断优化农民生活服务

（一）推动农村消费结构升级，提升农村消费层次

数字经济加快农村消费结构升级，主要表现在六个方面。

其一，提升乡村居民收入。为实现乡村振兴的大目标，各地政府都在深入挖掘本乡本村的特色，结合当地自身发展的现状，不断调整乡村农业结构。例如，有些乡村有大量的经济作物，在实行多元化经营的同时，也努力做好乡村品牌建设。丹东草莓、慈溪杨梅、烟台苹果这些都是成功案例，经济作物打响了知名度，同时又成为乡村的一张名片。政府始终明确调整乡村农业结构的目标之一是为农民增产增收，只有不断调整农业结构使其更符合市场需求，产出的产品才能够扩大销售渠道，更好地销往外地。

其二，提升乡村消费市场供给能力。考虑到城乡消费差距是切实存在的，有关部门针对部分乡村消费平台提供了政策支持和补助，为刺激乡村消费提供了正向帮助。因此，想要提升乡村消费市场供给能力，提升地方财政收入、确保财政投入是很有必要的。同时，部分乡村企业已经率先开始尝试通过对乡村的实地深入调研，结合农民收入、消费习惯及偏好，推出专属于乡村消费市场的新产品，力求农民"用得上"且"用得起"。另外，政府在乡镇建设大型商场、购物中心设施，丰富居民文娱生活的同时，也能带动乡村消费氛围。

其三，提升乡村居民消费层次。数字经济的发展提升了乡村居民的收入，消费观念、习惯及层次势必也会发生改变。过去人们购买物品更看重价格和实用性，产品能用就行，但是慢慢地人们会开始考虑产品的安全性，甚至是产品背后的精神文化。当物质层次得到满足之后，人们就会开始注重精神层面。在健康的物质消费理念下，国家加强乡村精神文化建设，引导乡村居民在消费能力范围内增加精神文化消费，优化乡村居民消费结构，这对于缩短城乡居民消费理念差距有促进作用。

其四，提振乡村居民消费信心。在数字经济之下，除了帮助乡村居民增

收之外，还在逐步完善教育、文娱、医疗、住房等这些实实在在的民生问题。在养老方面，政府一直在完善城乡社会保障体系，通过政府补贴的形式对有需要的村民进行针对性帮扶。借助先进的数字技术，基于大数据建立更加合理的最低生活保障制度，让"低保"制度变得更加规范化、系统化，能够照顾到更多的弱势群体。在医疗方面，借助数字医疗的帮助，构建多层次化的医疗保障体系。政府持续增加财政支出，健全乡村医疗救助系统，尤其是针对大病的救助制度，避免因为生病看病"一夜返贫"的情况发生。通过新媒体渠道，大力宣传新农合医保的重要性，切实提升农民医保的参保率，为农民提供保障。通过这些措施，提升乡村居民生活的安全感和幸福感，从而改变过往"一味存钱，不敢消费"的观念。

其五，改善乡村消费环境。改善消费环境主要体现在乡村基础设施的改造和升级，包括但不限于水、电、气、公路、物流、电网等。政府在推进乡村基础建设的同时，还在想办法将"城"与"乡"的建设连接起来，让乡村也能够享受到城市的设施红利。政府也一直在寻找基础建设中的薄弱环节，希望能够通过弥补薄弱部分，加速乡村数字化发展。由于我国的乡村市场过于庞大，在许多地方依然存在农民"卖不出"、消费者"买不到"的断层情况，因此政府在不断完善乡村物流体系，率先在部分乡村开始尝试"连锁经营＋统一配送"的新型经营模式，逐步整合、改造乡村的经营模式。

其六，完善乡村消费信贷体系。在国家一系列政策的加持下，乡村消费信贷体系快速发展。在数字经济之前，农民对于信贷及各类金融机构很陌生，信贷知识相对匮乏。各类金融机构在乡村开设营业网点，不断向广大居民普及信贷知识，并且在和政府的共同努力下，探索出一套更适合农民以及乡村农业企业的保护机制，为乡村创业保驾护航，提供经济支持，促进乡村金融信贷快速增长。

（二）优化政府服务，推进乡村工作数字化改革

数字经济时代下，依托互联网、云计算、人工智能等先进数字技术，数

字政府应运而生。随着社交平台和短视频的兴起，数字鸿沟不断被消除，公众对移动政务的需求量爆炸式增长，并且公众对政务的监督需求也日益上涨，因此在数字经济时代，政府数字化改革是必行之路。2017年广东省率先开启了数字政府的改革之路。数字政府改革遵循六大重要原则：整体、移动、协同、透明、高效、共享。"整体"是指对各个部门进行全方位覆盖；"移动"是指实现移动政务，一台手机就能随时随地查看；"协同"和"高效"是指流程优化，多部门协同合作，提高办事效率，减少重复流程，避免资源浪费；"透明"是指办事全过程公开并且在各个环节都留下"痕迹"，接受全民监督，避免事后各环节互不认账、互相甩锅；"共享"是指将平台上的数据进行汇总整合，实现多部门数据共享，减少前端数据重复提报的行为，提升办事效率。

过去乡村信息落后，通信和交通手段都不发达，更重要的是居民与政府部门之间缺乏高效的沟通渠道，农民对自己的需求表达不明确，不知道应该向哪个部门求助，工作人员无法第一时间了解农民的准确需求。种种原因导致了乡村居民一直处于被动状态，一些明明是合情合理的政务需求也很难得到满足。时间久了，居民们非必要也不再向有关部门寻求帮助，认为这些部门办事效率低，有时提出了需求最终也是不了了之。而政府部门不知道居民们的实际需求，不能提供精准的帮扶，直接导致了乡村政府工作的服务满意度偏低，居民和部门两个主体的沟通越来越少，陷入了恶性循环。而政府数字化改革，打破了这个局面。各地政府都在陆续推出数字政务平台，另外结合运营商还创建了政务小程序，如广东省推出的"粤省事""粤政易"等，大大提高了办事效率。传统政务模式下，每个部门都有一个自己的门户网站，居民经常在多个部门的门户网站之间来回切换，耗费半天时间却找不到对应的途径，政务数字化改革后各个地方都开始将多部门统一归集到一个平台，不仅扩大了服务的覆盖面，还有效提升办事效率。在数字政务推行后，乡村居民不必再一趟趟地往城里跑，一部手机、一台电脑，即使足不出户也能解决许多问题。更重要的是真正做到了"事事有回应，件件有着落"，只要是在平台或小程序上发起的流程，不论是否能够审批通过，都可以在规定时间内予以反馈，并且给出相应的指导建议。地方平台对从事审核的工作人员提出要求，不可只是简单地驳回流程，在驳回的同时还要告诉居民应该要"怎么办""哪里办"，提升信息获取效率，让乡村居民们能少走些弯路。

（三）加速乡村文化资源开发，满足农民的精神文化需求

我国许多乡村都承载着美丽的自然风光和丰富的历史文化，拥有着独特的魅力和资源，但是因为缺乏宣传，所以很难被大家知道。以浙江温州为例，一提到这个城市，大家最先想到的就是茶叶、杨梅以及一些特色小吃，但其实温州是一座历史文化底蕴雄厚且拥有许多遗留文物的城市。刘基庙（墓）、圣井山石殿、蒲壮所城，这些都是国家级重点文物保护单位，而它们就散落在温州的各个农村地区。除了文物之外，温州还有许多独特的技艺，如古法红糖制法、蓝夹缬技艺等。另外，元宵灯会、百家宴、拦街福等民俗文化活动也是独具特色。随着数字经济推进，这些乡村文化资源逐渐被开发，当地居民或者是游客通过文字、照片、短视频等多种方式发布到社交平台上，快速传播，让越来越多的人看到。乡村里有不少非遗手艺，但是没有年轻人愿意学习，所以许多非遗手艺都面临着失传的窘境。究其原因，还是这些手艺过于冷门，老一辈的手艺人几乎都上了年纪，他们不懂得如何通过自媒体将自己的手艺宣传出去。所以，手艺虽好但没有机会被人看到，手艺人也很难以此为生。数字经济给这些手艺提供了一条全新的赛道，越来越多的手艺通过互联网被大家看到，一些冷门的技艺被盘活了，有了其独特的赛道，也能够产生相当可观的收益。比如，浙江瑞安市的"瑞安木活字印刷术"就衍生出了许多的文创产品。另外，瑞安市的一些企业还推出了印刷术的体验项目，吸引许多年轻人来此打卡体验，带动瑞安文化资源开发的同时也促进了当地的旅游产业。经过一些乡村地区的先行尝试，将地方特色文化元素与数字营销相结合取得了一定的成绩。浙江马屿镇运用电子技术还原了明朝内阁首辅张璁（民间称张阁老）的人物形象及动作神态，设计出了张阁老的卡通形象，

并衍生出了表情包等数字产品，还将他的一系列故事拍摄成了短视频。这样就让张阁老的形象一下子变得鲜活起来，能够在短时间内吸引外来游客的目光，成为宣传当地历史文化的重要手段。

（四）提升乡村基层治理效能，带来新的治理模式

受到时间、地域、人力、财力等各种要素的影响，传统乡村基层治理的成效不高，而且很难实现精准治理。数字经济带来了全新的治理模式，不仅不再受限于地域，大大提升了治理效率，并且让信息流通更加顺畅、迅速。过去，乡村治理部门也不知道乡村居民的切实需求是什么，不知道应该从哪个方面入手整改。数据经济下，依托于大数据、云计算等先进的数字技术，治理部门能够获取乡村居民经济、文化、社会等各个方面的数据，这些数据为乡村治理指明了方向。数字化平台的出现，也让乡村治理模式得到了创新。通过平台、乡村居民可以实现和有关部门的"双向互动"的治理模式，例如，居民可以实时提出自己的诉求，乡村治理部门收到诉求后进行实地分析最终给出结果。不论结果是否让居民的诉求得到满足，居民都会感觉到治理部门对自己的重视，提升了居民对政府部门的好感和信赖感。在传统治理模式下，办事人员不足是最大的问题，效率低、无回应等诸多问题也都是因人员不足而产生的。随着乡村经济不断发展，乡村主体更加多元化，治理部门所面临的问题也是越发复杂。数字经济让不同的治理部门之间实现了数据共享和协同合作，提升了办事效率，并且在一定程度上解决了人员不足的问题。另外，部门之间协同治理也起到了互相监督的功效，各个部门都需要在规定的时间内完成流程处理，如果确实有困难也要及时向居民告知具体原因。

第四章 数字经济助推乡村振兴高质量发展的成功经验

第一节 "数字＋农业"为乡村产业注活力

一、"数字＋农业"案例探析

（一）智能化技术应用现状

数字经济对农业生产管理现代化的推动作用具有决定性意义，成功引领传统农业挣脱自然条件桎梏，迈向数字化、智能化的崭新阶段，有力驱动农村产业结构转型升级，显著增强农业整体竞争力，为乡村振兴战略注入澎湃动能。在大数据时代背景下，数据资产已成为驱动生产要素高效流动的核心动力。"数字＋农业"战略作为推动现代农业发展的重要手段，在智能化技术的应用方面表现突出，尤其是在物联网和大数据领域。此技术的融合不仅优化了农业生产流程，还极大提升了农业生产的效率和质量。

物联网技术在农业中的应用，实现了农场管理的精准化和自动化。通过在农田安装传感器，农户可以实时监控土壤湿度、光照强度、温度等关键数据。这些数据通过物联网设备实时传输至数据处理中心，农户可以根据数据反馈调整灌溉、施肥等操作，精确到每一种作物的具体需求。例如，江苏某高科技农场就通过安装地下传感器和自动化水肥一体机,实现了"按需供给"，每日节省水资源约 30%，显著提升了作物产量与品质。

大数据技术的应用使得农业生产更趋科学化。通过收集历史生产数据、气象数据和市场需求变化，运用大数据分析工具对农作物的种植周期、病虫害及市场销售进行预测和规划。例如，浙江省某农业科技公司开发了一套大数据平台，能够根据大量历史数据分析出最佳播种时间和最优化的收割时间，为农户提供科学的决策支持，有效提高了作物的整体收益和市场竞争力。

除此之外，智能化技术在农产品质量追溯系统中也发挥了关键作用。通过在每一个生产环节使用二维码或射频识别（RFID）技术标签，消费者可以追溯每一产品的生产源头、加工过程及物流信息，极大地增强了消费者对农产品的信任度和满意度。

（二）具体案例分析

广东农业人工智能（AI）实验室的成功实例是"数字 + 农业"策略在现代农业中运用的典范之一。通过集成人工智能、大数据分析、物联网技术，该实验室不仅显著提高了农业生产效率，而且实现了精准农业和可持续农业的目标。

在人工智能领域，广东农业 AI 实验室开发了一系列智能决策支持系统。这些系统能够基于机器学习算法分析土壤数据、气象条件和作物生长状态，自动推荐最优的种植策略和管理措施。例如，通过分析数年的作物生长数据和环境变量，AI 模型能够预测作物生长的关键转折点，并及时提醒农户调整管理措施，如调整灌溉量或施肥比例，从而确保作物生长的最佳状态。

此外，物联网技术的应用使得大规模的农业监控成为可能。实验室支持下的示范农场部署了大量的传感器和监控设备，这些设备能够实时收集关于土壤、气候及作物生长的详细数据。通过这些实时数据，农业生产者可以远程监控农田状态，实时调整农业操作，减少资源浪费，提高作物产量和质量。

在数据分析方面，广东农业 AI 实验室利用大数据技术对收集到的庞大数据进行分析，提取有价值的信息，用于预测市场需求、优化供应链管理，以及提高农产品的市场响应速度。这不仅增强了农产品的市场竞争力，也为农户带来了更高的经济收益。

通过这些技术的综合应用，广东农业 AI 实验室展示了如何通过高科技手段实现农业生产的现代化和智能化，提升了整个区域的农业生产能力和可持续性。这一成功案例不仅在技术层面提供了可行的解决方案，同时也为其他地区的农业发展提供了宝贵的参考和启示。

通过广东农业 AI 实验室的实践，可以清晰地看到，数据和智能技术的深入应用能够极大地优化农业生产流程，提高生产效率，同时促进农业经济的高质量发展。这些技术的推广和应用，预示着未来农业发展的新方向，也为乡村振兴战略的实施提供了坚实的技术支持。

（三）技术效益评估

在"数字＋农业"的多样化技术应用中，智能灌溉和精准施肥技术的引入，对农业生产效率和产品品质产生了显著影响。这些技术不仅改变了传统农业的操作方式，也为实现高效率和高品质农业生产提供了切实可行的技术支撑。

智能灌溉系统通过集成地表和地下的传感器网络，实时监测土壤湿度及其他环境变量。系统根据作物需求和土壤状况，自动调整灌溉计划，确保作物能够在最适宜的环境下生长。在河北省的一项实验中，智能灌溉系统根据实时数据自动调整灌溉时间和水量，使水资源利用效率提高了 40%，同时作物产量也提升了约 20%。此外，这种系统减少了水资源的浪费，对于水资源匮乏的地区尤为重要，同时还有助于防止土壤退化和盐碱化问题。

精准施肥技术则通过分析土壤肥力和作物营养需求，实现了肥料的精确投放。传感器技术和大数据分析相结合，可以精确计算出不同生长阶段的作物所需的养分类型和数量，通过智能施肥设备进行定点和定量施肥。这种方法不仅提升了肥料的使用效率，还显著降低了农业生产中的环境负担。江西省的一个示范项目采用精准施肥技术后，作物的产量提高了 30%，而肥料使用量则减少了 50%，显著提高了作物的品质和经济效益。

智能灌溉和精准施肥技术的应用，不仅提升了作物的生长效率和产量，还改善了农产品的质量和环境的可持续性。这些技术通过优化资源配置，减少资源浪费，从而使农业生产更加环保和经济。

通过对这些智能化技术的效益评估，可以看出其对提升农业生产效率和品质的直接影响。这种技术的推广应用不仅可以提升农业的整体效率，也为农产品市场竞争力的提升提供了坚实的技术支撑，是推动乡村振兴和实现农业高质量发展的关键因素。这些成果表明，智能化技术在农业领域的应用前景广阔，将成为未来农业发展的重要驱动力。

（四）农业产业链优化实例

数字技术在优化农业产业链，尤其是在实现产供销一体化方面，展示了显著的效能。通过整合物联网、大数据分析、区块链技术及人工智能，数字技术不仅优化了农业生产过程，还极大改善了供应链管理和市场接入能力，从而提高了整个农业产业链的效率和透明度。

在产供销一体化的实施过程中，四川省的一个农业集团便是一个突出的案例。该集团通过建立一个集数据收集、分析与决策支持于一体的智能平台，实现了从种植、加工到销售的全链条数字管理。在种植端，利用物联网技术监控作物生长环境，确保作物在最佳条件下生长；在加工端，通过实时数据监控加工流程，优化生产线的配置和运作；在销售端，运用大数据和 AI 分析消费者行为和市场趋势，精准定位市场需求，优化销售策略。同时，应用区块链技术确保了信息的透明度和可追溯性。为每个产品建立数字身份并记录其从田间到餐桌的每一个环节，不仅增强了消费者对产品品质的信任，也极大提高了品牌的市场竞争力。例如，江苏的一个有机蔬菜品牌通过这种方式实现了产地直供，消费者可以通过扫描产品上的二维码，了解产品的详细种植、加工和运输信息，从而大大增加了消费者的购买意愿。

此外，数字技术还帮助优化了物流配送系统，通过算法优化配送路线和调度，减少了运输成本，加快了市场响应速度，提高了客户满意度。这不仅提升了农产品的流通效率，也减少了因储存不当或运输延误造成的损失。通过这些技术的应用，农业产业链的各个环节得到了实质性的优化。从生产的自动化和智能化，到供应链的高效管理和市场的精准接入，数字技术的融入使得传统农业转型升级，向着更加高效、可持续的方向发展。产供销一体化不仅提升了农业的产出效率和产品质量，也为农产品创造了更大的市场价值，助推乡村振兴高质量发展。

（五）农业品牌与市场推广

在"数字＋农业"的策略中，利用 AI 增强品牌与市场推广的策略尤为突出。以"高州荔枝 AI"和"肇庆兰花 AI"为例，这些 AI 品牌通过融入先进的数字技术，显著提升了产品的市场竞争力，并有效地扩大了市场份额。

"高州荔枝 AI"项目通过使用 AI 技术对荔枝生长周期进行全程监控，实现了对生长环境的实时调整，优化了水分和养分的供给。此外，AI 系统还能预测作物生长状况和产量，及时提供收获和市场销售的建议。通过这种方式，高州荔枝的品质得到了保证，同时产量也有所提升。品牌利用这些数据优势，在市场推广中突出其产品的高科技含量和优质保证，成功吸引了更多高端市场的消费者。

在"肇庆兰花 AI"案例中，通过集成 AI 与物联网技术，对兰花的生长环境进行精细化管理。AI 系统分析环境数据和生长反馈，自动调节温室的温湿度和光照，确保兰花在最佳状态下生长。此技术不仅提高了兰花的生长效率和成功率，也使得兰花品种更加多样化。市场推广方面，该品牌通过展示其技术优势和生态友好的生产方式，成功地打造了绿色、高科技的品牌形象，增强了消费者的购买意愿。

这些 AI 品牌通过技术的应用，不仅优化了生产过程，还创新了产品的市场定位和推广策略。在数字化的支持下，品牌能够更精准地捕捉市场动态，根据消费者行为和市场需求调整推广策略。例如，利用大数据分析消费者的购买模式和偏好，AI 品牌能够制定更有针对性的营销活动，提高广告的转化率和销售效率。

通过将 AI 技术深度融入品牌建设和市场推广，高州荔枝和肇庆兰花等品牌不仅提升了农产品的生产质量和效率，还极大地提高了其市场竞争力。这种创新的市场推广模式和技术应用展现了数字技术在现代农业发展中的巨大潜力，为其他农业品牌提供了可借鉴的成功经验。

（六）技术障碍与解决方案

实施"数字 + 农业"项目时，虽然带来了许多优势，但也面临了不少技术挑战，主要障碍包括数据收集的准确性、技术的整合应用、农民的技术接受度以及成本问题。以下是几个具体的案例，展示了如何有效应对这些挑战。

数据收集和分析的准确性是推动智能农业发展的关键。在湖北省的一个智能稻田项目中，初期由于传感器的精度不足导致数据误差较大，影响了灌溉和施肥的决策。解决策略是与专业的科研机构合作，引入高精度的传感器设备，并通过机器学习技术对数据进行多轮校正，显著提高了数据的准确性和实用性。

技术整合应用中经常遇到的问题是系统兼容性和操作复杂性。在浙江的一项果园自动化管理系统中，初期多种设备之间的兼容问题频发，使得系统运行不稳定。通过技术升级和系统优化，引入了统一的操作平台，将不同设备的接口标准化，极大地提高了系统的稳定性和用户的操作便利性。

农民的技术接受度也是一个不容忽视的挑战。在贵州的一个茶叶 AI 监控项目中，许多老年农民对新技术持保守态度。项目团队通过举办技术培训班，结合实地演示和操作指导，逐步消除了农民的顾虑，提高了他们的接受度和操作熟练度。

成本问题同样是推广数字农业的一大障碍。在江苏的一个大数据农业平台项目中，高昂的设备和维护成本让许多小型农场望而却步。为此，项目采取了政府补贴和成本共享的策略，降低了农户的负担，加速了技术的推广应用。

通过这些案例，我们可以看到，虽然在实施"数字 + 农业"项目过程中遇到了多种技术障碍，但通过精准的问题定位和创新的解决策略，这些障碍被逐步克服。这不仅提升了项目的实施效率，也为农业产业的数字化转型积累了宝贵的经验。这些解决方案和经验教训对于未来在更广泛区域推广"数字＋农业"模式具有重要的借鉴意义。

二、"数字＋农业"经验总结

（一）信息化与智能化推动力

在"数字＋农业"的策略中，信息化与智能化技术的应用不仅提高了农业生产的效率和质量，也促进了农业管理的现代化，以下是通过案例分析得出的关键推动力：

第一，数据采集与实时监控。智能化技术的核心在于其能够实时采集农场的多种数据，包括气候条件、土壤状态、作物生长状况等。例如，山东省的智能蔬菜温室通过安装传感器收集环境数据，实时监控温度、湿度和二氧化碳浓度，确保作物在最佳环境条件下生长。这些数据的实时采集和分析，为精准农业操作提供了科学依据。

第二，决策支持系统。基于收集到的大数据，决策支持系统能够提供种植建议、病虫害预防和收获时间等关键决策支持。在湖南省的一项智能稻田项目中，AI系统根据历史天气数据和当前作物生长状况，自动推荐最佳水稻品种和种植时间，使得产量提高了约20%。这种智能化决策大大提升了农业生产的科学性和准确性。

第三，精准农业操作。智能化技术通过精确地控制和操作，如智能灌溉和精准施肥，确保农业资源的最优化使用。浙江的一项精准农业示范项目通过智能系统根据土壤湿度和作物需求自动调整灌溉量，节水效率高达30%，同时提高了作物的产量和品质。这种精细化管理是信息化和智能化技术的直接体现。

第四，供应链与市场接入。数字技术通过优化供应链管理和改进市场接入策略，提升了农产品的市场竞争力。通过使用区块链技术记录和追踪农产品从田间到餐桌的每一个环节，增强了消费者对农产品质量的信任，同时也为农户提供了更好的市场信息，帮助他们做出更有利的销售决策。例如，江西的一项农产品追溯项目通过区块链技术提升了产品透明度，成功吸引了更多关注健康和安全的消费群体。

通过这些推动力的综合作用，数字技术不仅在农业生产端发挥了巨大的作用，也在管理、决策和市场接入等多个层面推动了农业的信息化与智能化进程。这些技术的应用和普及，为农业产业的可持续发展提供了强有力的支撑，是推动乡村振兴和实现高质量农业发展的关键因素。

（二）农业生态系统的构建

在"数字 + 农业"战略中，构建高效的农业生态系统是一个核心目标，其主要通过优化资源配置、增强生态保护和提升生产效率实现。

一方面是资源节约和效率提升。数字技术通过实施精准农业实践，极大地提高了资源的使用效率。例如，广东的智能水稻种植项目通过安装土壤湿度传感器和自动化灌溉系统，实现了水资源的精确管理。系统根据土壤湿度实时调整灌溉量，不仅减少了水资源浪费，还提高了水稻的产量和质量。此外，通过智能化施肥系统，肥料的使用更加精准，减少了过量施肥导致的环境污染。

另一方面是生态保护和可持续发展。数字技术在监测和保护农业生态环境方面也发挥了重要作用。山西的一个有机果园管理系统利用无人机和卫星影像监控果园的生态健康状况，及时发现并处理病虫害问题，减少了化学农药的使用，保护了农业生态系统的天然平衡。同时，这些技术还帮助果园实现了作物种植的多样性，进一步增强了生态系统的抵抗力和自我恢复能力。

此外，数字技术还促进了循环农业的实践。浙江的一项农业循环利用项目通过智能系统分析农业废弃物的类型和数量，实现了废弃物的有效回收和再利用。例如，农场通过生物发酵技术将畜禽粪便转化为有机肥，既解决了废物处理问题，也为农田提供了优质肥料，实现了农业生产的低碳循环。

通过数字技术的综合应用，不仅优化了资源的使用效率，降低了生产成本，还增强了农业生态系统的持续性和抗逆性。这种高效的农业生态系统构建，不仅符合环境保护的需求，也满足了现代农业向高质量、可持续发展转型的趋势。这些实践和成果对于全球农业可持续发展具有重要的示范和推广价值，为其他地区的农业现代化提供了可行的解决方案和技术支持。

（三）农业科技创新与产业升级

在"数字＋农业"的发展战略中，数字技术的应用已成为推动农业科技创新和产业升级的关键动力。这一进程不仅提高了农业生产的效率和质量，而且加速了农业从传统向现代化的转型。

首先，数字技术促进了农业生产过程的精确管理。通过引入高精度的传感器和数据分析系统，农业生产可以在每一个环节实现精确控制，从种植、灌溉到收获的每一步均可根据数据驱动进行优化。这种管理方式极大提高了资源使用效率，减少了浪费，并提高了作物产出的一致性和质量。

其次，信息技术的应用强化了农业供应链的透明度和可追溯性。区块链技术的引入，使得从生产者到消费者的每一步产品流通都可以被记录和追踪，这不仅增强了消费者对农产品的信任，也提高了农产品的市场价值。此外，供应链的优化还降低了运输和存储成本，提升了整个农业供应链的效率。

再次，人工智能和机器学习技术的运用，在农业科研中尤其表现出色。AI技术能够处理大规模的农业数据，识别模式和预测趋势，从而帮助科研人员快速有效地研发新品种、新技术。这些技术的应用不仅缩短了研发周期，也提高了研发成功率，加速了农业科技进步和创新。

最后，数字技术通过促进教育和知识的普及，加强了农业人才的培养和技术普及。通过网络平台，农民可以随时获取最新的农业技术信息和培训资源，这不仅提升了农民的技术水平，也使他们能够更好地适应现代农业的需求。此外，远程监控和管理技术的应用使得农业专家能够远程指导农场运作，提高了技术支持的效率和范围。

通过上述分析可以看出，数字技术的应用在推动农业科技创新和产业升级方面发挥了多方面的作用。这些技术不仅使农业生产更加精确和高效，也推动了整个农业产业链的现代化和全球化。随着技术的进一步发展和应用，预期未来农业将更加智能化、自动化，真正实现高效率和高质量的可持续发展。

（四）农业数字化转型的政策支持

在推动"数字 + 农业"策略中，政府的政策支持起到了关键的作用。通过一系列政策措施，政府不仅提供了必要的财政资助，还建立了法规环境和技术平台，促进了农业的数字化转型。以下是政府在此过程中所采取的主要政策支持：

第一，财政资助和税收优惠。政府通过提供直接的资金支持和税收减免措施来鼓励农业企业采纳先进的数字技术。例如，对于采用智能化设备和系统的农业项目，政府提供了购买补贴和运营成本的部分财政补偿，降低了农业生产者的初期投资和运营风险。

第二，技术研发和创新激励。政府在国家和地方层面设立了多个科技创新基金，专门支持农业技术的研发和应用。这些基金不仅为企业提供资金支持，还通过设立研发中心和创新实验室，促进科研机构与农业生产企业的合作，加快技术成果的转化和普及。

第三，建设标准化和信息化基础设施。为了支持农业数字化，政府投资建设了农业信息化平台和数据中心，提供了必要的硬件设施和软件支持。这些平台集成了从气象预测到土壤分析、作物监测等多方面的数据服务，为农业生产提供了精确的决策支持。

第四，制定相关法规和政策框架。政府还制定了一系列法律法规及有关规定，保障数字农业的健康发展。这包括《中华人民共和国数据安全法》、农业数据标准化的相关规定，以及关于智能化农业设备使用的安全规范，确保了数字农业环境的正规化和标准化。

通过这些政策措施，政府有效地促进了农业数字化的快速发展。这些政策不仅提供了经济激励，还确保了技术发展的可持续性和安全性。未来，政府计划继续扩大对农业数字化的支持，特别是在人工智能、大数据和物联网等前沿技术的应用上，进一步推动农业现代化和高质量发展。通过持续的政策支持和激励措施，政府为农业产业的数字化转型奠定了坚实的基础，为实现乡村振兴战略的长远目标提供了强有力的支撑。

（五）持续发展的策略建议

加强数据整合与共享平台建设。有效的数据管理是"数字 + 农业"成功的关键。建议政府和私营部门合作，建立一个统一的农业数据平台，集中处理和分析从田间到市场的所有数据。例如，该平台通过整合气象数据、土壤条件、作物生长情况与市场需求数据，可以更准确地预测作物产量，优化资源配置。江苏省实施的智能农业云平台已成功实现数据共享，提升了决策的效率和精准度。

持续投资技术研发与创新。为了保持竞争力，必须不断进行技术革新。政府应加大对农业科技创新的投资，特别是在人工智能、机器学习和物联网领域。同时，鼓励高校和研究机构与企业合作，加速研发成果的商业化。例如，浙江省通过设立科技创新基金，支持了多个高科技农业项目，这些项目已经开始改变传统农业的生产方式。

加强技术培训和教育以提高技术采纳率。技术的成功应用依赖于用户的接受度。建议实施全面的培训计划，提高农民对新技术的理解和操作能力。通过开展在线和现场培训课程，确保农民能够掌握最新的农业技术。四川省的智能农业培训项目就是一个典型案例，通过教育提升了当地农民的技术使用率和生产效率。

推动政策环境的持续优化。政策支持是农业数字化转型的重要保障。建议政府继续优化相关法规，创建有利于科技创新和数字化转型的政策环境。

例如，通过简化技术进口流程、提供税收优惠和财政补贴，支持农业科技企业的发展。此外，制定针对数字农业的标准和规范，保证行业的健康有序发展。

上述策略和建议的实施，可以有效地推动"数字＋农业"的持续发展，不仅提升农业产业的技术水平，还能促进农业的可持续发展和乡村经济的全面振兴。这些措施将有助于构建一个更加高效、环保和经济的现代农业体系，为实现乡村振兴和农业现代化提供坚实的技术和政策支持。

第二节　"数字＋服务"为农民生活增品质

一、"数字＋服务"案例探析

（一）数字技术提升农业生产效率的案例分析：蔬菜工厂模式

在现代农业发展中，蔬菜工厂模式作为一种创新的农业生产模式，充分利用了数字技术，实现了农业生产的智能化和绿色化[①]。这种模式通过精准控制生产环境，优化作物生长条件，不仅提高了生产效率和经济效益，还显著提升了农产品的质量。

首先，蔬菜模式工厂使生产效率显著提升。蔬菜工厂模式利用先进的数字控制系统，精确调控光照、温度、湿度和二氧化碳浓度等环境因素，实现了作物生长环境的最优化。这种控制精度远超传统农业，能够确保作物在最佳生长状态下生长，大幅度缩短生长周期，提高年产量。例如，在江苏省的一个蔬菜工厂中，通过使用 LED 灯具和温控系统，番茄的生长周期比传统种植方法缩短了 15%，年产量提高了 30%。

其次，蔬菜模式工厂使经济效益增加。蔬菜工厂模式通过减少对自然资

---

① 陈素娟，陈国元，周英，等 . 蔬菜工厂化生产智慧管理系统介绍 [J]. 新疆农机化，2023(5)：43-45.

源的依赖，降低了因天气不确定性带来的风险。此外，由于能够全年稳定生产，市场供应更加稳定，可以达到更好的经济收益。同时，智能化管理减少了人力需求，降低了运营成本。在浙江的一家蔬菜工厂中，由于减少了对农药和化肥的依赖，生产成本降低了 20%，而产品定价由于质量的提升而提高了 25%，显著增强了市场竞争力。

最后，蔬菜模式工厂使农产品质量提升。在蔬菜工厂中，由于环境因素的严格控制和监测，作物不受外部不良因素影响，农产品质量更加稳定和可控。例如，使用数字技术优化营养液配方和灌溉系统的蔬菜，其营养价值和口感均优于传统农业产品。此外，这种生产模式避免了过度使用农药和化肥，生产的蔬菜更安全、更环保，更符合现代消费者的健康需求。

通过上述分析可以看出，"蔬菜工厂"模式通过高度的技术整合实现了农业生产的革新，不仅有效提升了生产效率和经济效益，也大幅改善了农产品的质量，为现代农业的发展方向提供了一种有效的范例。

（二）数字经济促进新型职业农民培养的实践

在当前的农业转型和乡村振兴背景下，数字经济的兴起为农村地区带来了前所未有的发展机遇。特别是数字化农业实践、电商运营、直播销售等新兴业态，已成为吸引青年回乡创业的重要渠道，并有效培养了一批新型职业农民。这些新型职业农民通过掌握和应用现代信息技术，不仅改变了传统农业的生产和经营模式，也促进了农村经济的多元化和现代化。此外，大数据技术精准描绘乡村居民特征，匹配就业信息，破解结构性就业难题；数字经济还对知识技能的高要求激励农民提升教育与技能水平，提供优质人力资本助力乡村振兴。同时，数字技术通过电商、直播等推广农产品至全球，拓宽销路，增加收益；物流发展便利乡村网购，促进消费方式现代化，缩小城乡差距。数字科技帮助农民直面消费者，快速响应市场，降低成本，提升竞争力，有效解决销售难题。综上所述，数字经济全方位赋能农民，从农业升级、就业创收、精准就业匹配到市场开拓，全面提升生活品质，有力驱动乡村振兴。

数字化农业的实践，如智能农场和精准农业技术的应用，使得农业生产更加科学化和系统化。青年农民通过使用地块管理软件、农作物生长监测系统以及自动化灌溉和施肥设备，可以在减少人力成本的同时，提高农作物的产量和品质。这种技术驱动的生产方式不仅提高了农业的吸引力，也使得青年更愿意从事农业工作，因为他们能够运用自己在城市学到的技能和知识。

电商平台和直播销售的兴起，为农产品开辟了新的销售渠道，极大地提高了农产品的市场接触率和销售额。青年农民利用网络平台直接接触消费者，通过直播销售展示自己的农产品和生产过程，这不仅提升了产品的透明度和消费者的信任感，还增强了农产品的品牌影响力。此外，这种销售模式的灵活性和广泛性也吸引了许多具有市场营销和数字技术背景的青年回乡创业。

通过参与这些数字化的农业活动，青年农民能够获得持续的专业成长和技能提升。许多地区的政府和教育机构也开始提供相关的培训课程，如电商运营、数据分析、网络营销等，这些课程不仅帮助他们更好地适应数字经济，也促进了他们成为农业创业的领军人物。这种以技术和市场为导向的农业教育和培训，有效地培养了一代新型职业农民，他们用现代视角和方法重新定义了农业，使其成为一个有吸引力的、可持续发展的现代产业。

数字经济的发展为农村地区的青年提供了广阔的职业机会和创业平台，通过引入和应用新技术，这些新型职业农民正在推动传统农业向现代化、智能化转型。这不仅有助于提升农业生产的效率和质量，也为乡村经济的振兴提供了新动力和方向。这种模式的成功实施预示着数字经济在促进农业和乡村发展方面具有巨大的潜力和显著的成效。

（三）数字技术在精准就业匹配中的应用案例

在推动乡村振兴的过程中，大数据技术在解决结构性就业难题方面发挥了至关重要的作用。通过精确描绘乡村居民的特征并匹配适当的就业信息，大数据不仅优化了就业资源的配置，也极大地提升了就业服务的效率和质量。

首先，大数据技术能够通过收集和分析个体居民的教育背景、技能特长、工作经验及其他相关信息，创建详尽的人口特征数据库。例如，在湖南省某乡村，政府部门利用大数据分析工具，对居民的职业技能和历史就业情况进行了深入分析，从而能够为每位求职者推荐最合适的职业路径和就业机会。接着，大数据平台通过算法优化匹配过程，使求职者与最适合他们的工作机会相连接。这种匹配不仅基于技能和职位要求，还考虑地理位置、预期收入和个人发展潜力等因素。通过这种方法，大数据技术确保了工作分配的最大化效率和满意度，显著降低了求职者的搜索成本和时间。此外，大数据技术还能够预测和识别就业市场的趋势和需求变化。通过实时数据分析，政府和企业能够迅速调整培训计划和教育资源，以满足市场的即时需求。在浙江省的一个项目中，大数据被用来分析农村地区的经济活动和就业需求，进而调整当地的技能培训课程，使之更加符合实际就业市场的需求，从而有效提高了就业率和居民的收入水平。

最重要的是，大数据技术在解决乡村就业不平衡问题中起到了桥梁作用。通过精确的数据分析，可以识别哪些地区的居民因技能不匹配而面临较高的失业风险，并针对性地提供培训和再教育机会。例如，四川省在一个试点乡村推行的项目中，大数据系统用来监测就业状况并提供定制的职业培训，帮助当地居民转型到更有需求的行业，如电子商务和绿色农业，从而有效缓解了结构性就业问题。

通过上述探讨，我们可以看到大数据技术在精确描绘乡村居民特征、匹配就业信息、解决结构性就业问题方面展现了巨大的潜力。这不仅提升了就业匹配的精确性和效率，也为乡村地区的居民带来了更多的就业机会和更高的生活质量，是推动乡村振兴和高质量发展不可或缺的工具。

（四）通过数字化提高农产品市场竞争力的案例

数字科技在农业领域的应用正逐渐改变农民与市场的互动方式，使农产品直接面对消费者，快速响应市场需求，有效降低运营成本，并显著提升产品的市场竞争力。这一变化不仅优化了农产品的销售流程，还帮助农民解决了长期以来面临的销售难题。以下将详细分析数字科技如何在这一过程中发挥核心作用。

首先，数字科技使得农产品能够"从田间直达餐桌"，减少中间环节。通过电商平台和移动应用，农民可以直接将自己的产品展示给消费者，这不仅缩短了销售链条，还减少了因多层分销而产生的额外成本。例如，在湖北省的一个电商合作社项目中，农民通过平台上传产品信息，消费者可以直接下单购买，系统自动调配最近的农户进行配送，极大地缩短了配送时间并降低了成本。

其次，数字技术的应用提升了市场响应速度。农产品生产者通过实时数据分析，可以快速了解市场的需求变化，从而调整作物种植结构和生产计划。例如，使用大数据分析，农民可以预测到某一时期内某种蔬菜或水果的市场需求增加，提前调整种植策略，以满足市场需求。这种灵活的市场适应性显著增强了农产品的竞争力。

再次，数字科技帮助农产品实现品牌化和质量追溯。通过在线平台，农产品不仅可以展示其独特的品牌故事和生产过程，还能通过二维码等技术实现一物一码，让消费者能追溯到每一批产品的具体生产信息，包括种植、施肥、收获等各个环节。这种透明度极大增强了消费者的信任，提高了产品的市场价值。

最后，数字科技通过提供多样化的销售策略，如预售模式、订阅农业等新型营销模式，为农产品创造更多增值机会。这些模式不仅为消费者提供新鲜直供的农产品，也为农民提供了稳定的收入来源和更广泛的市场接触机会。例如，江苏省的一家农场就通过实施社区支持农业（CSA）模式，成功地构建了消费者和生产者之间的直接联系，增强了消费者对农场产品的忠实度，提升了农场的整体经济效益。

当前，数字科技在帮助农民直面消费者、快速响应市场需求、降低成本和提升竞争力方面发挥着重要作用。这些技术不仅为农业提供了新的增长点，也为乡村振兴提供了坚实的技术支持，显著推动了农业和农村经济的高质量发展。

（五）数字化策略在推动消费方式现代化中的作用

数字技术在全球化的农产品市场中发挥着日益重要的作用，尤其是电商平台和直播销售的普及，极大地推广了农产品的全球销路，增加了农民的收益，同时也促进了消费方式的现代化，有效地缩小了城乡之间的差距。电商和直播不仅为农产品打开了国际市场的大门，还为消费者提供了更加便捷和多样化的购物体验，这些都是现代消费模式的重要特征。

通过电商平台，农民能够直接接触到国内外的广泛消费者，这一点对于传统的农业销售模式是一个革命性的改进。农产品通过这些平台进行展示和销售，消费者可以直接从生产者那里购买到新鲜的农产品，这不仅保证了产品的新鲜度和质量，也大大减少了中间环节，降低了成本。例如，在广东的某个电商平台上，当地的芒果和柑橘通过直播销售到欧洲和北美，大大增加了当地农民的收入并提高了品牌的国际知名度。

直播销售作为一种新兴的营销方式，为农产品的推广提供了一个生动活泼的展示平台。农民或农场主通过直播向消费者展示他们的农场、种植过程甚至是收获方法，这种透明和互动的销售方式增强了消费者对产品的信任和兴趣。在云南，许多茶农开始通过直播介绍茶叶的种植和制茶过程，吸引了大量国内外消费者的关注和购买。

此外，数字技术还推动了物流服务的快速发展，使得乡村地区能够便利地接入全国乃至全球的物流网络。这不仅使得农产品能够迅速送达消费者手中，还极大地方便了乡村居民的网购体验，使他们能够享受到与城市居民同样便捷的购物服务。在河南，一个由地方政府和电商企业共同推动的项目通过建设农村物流配送中心，大大缩短了农产品从田间到餐桌的时间，同时也使乡村居民能够享受到更多的商品和服务。

这些数字化策略的实施，不仅极大地提升了农产品的市场竞争力，也推动了消费方式的现代化，使得农产品能够更广泛地被全球市场所接受。更重要的是，它们为缩小城乡差距提供了强有力的技术支持，通过提供平等的市场接入机会，使乡村地区的发展得以与城市地区同步推进。

（六）数字政府在促进城乡协调发展中的作用

"数字政府 2.0"战略是利用先进的数字化手段来优化政务服务，提升政府服务的效率与质量，从而支撑城乡区域的协调发展。这一策略的核心在于通过技术创新来实现政府职能的现代化，确保各级政府的决策更加透明、公正且高效，有效地推动了城乡一体化进程。

在实施数字政府的过程中，政府部门通过建立统一的电子政务平台，使得各类政务服务如土地管理、社会保障、公共卫生和教育服务等可以在线处理。例如，浙江省政府推出的"智慧浙江"平台，集成了超过 100 项服务功能，实现了数据共享和业务协同，极大地提高了办事效率，缩短了居民办事的时间和距离。

数字政府的实施还带来了政策制定和执行的精准化。通过大数据分析，政府能够准确地掌握农村地区的发展需求和实际问题，从而制定出更具针对性的政策措施。在山东省，地方政府利用数字信息系统监控农业生产数据和市场需求，及时调整支持政策和资源配置，有效促进了农产品的销售和农民的收入增加。

此外，数字政府通过提供在线咨询和反馈机制，加强了政府与公众之间的互动。这种互动不仅增强了政府的透明度和公信力，也使得政策更加贴近民意和实际需求。在四川省，政府推行的"互联网＋政务服务"模式，使农民可以直接通过智能手机应用反馈问题和建议，政府则可以实时响应并调整服务策略，增强了服务的及时性和有效性。

数字政府还促进了城乡基础设施的均衡发展。通过智能化的城市管理系统，不仅城市地区的基础设施得到了有效管理和优化，农村地区的基础设施建设也通过相同的平台得到了相应的提升和维护。例如，贵州省利用数字化管理系统优化了农村地区的交通、水利和电网建设，显著提升了这些区域的生活和生产条件。

二、"数字＋服务"经验总结

（一）智能绿色农业的可持续发展实践

在数字技术日益成熟的今天，农业行业也正在经历从传统模式向智能化、绿色化转型的重大变革，这不仅响应了全球可持续发展的号召，也为农业生产提供了新的增长动力。以下是数字技术在推动智能绿色农业方面的主要实践：

第一，利用物联网技术优化资源管理。通过安装传感器和实施远程监控系统，农业生产者能够实时监控土壤湿度、温度、光照强度等关键参数，确保作物生长在最适宜的环境中。这种精细化管理不仅提升了作物产量和质量，还显著减少了水资源和化肥的使用，有效减轻了农业对环境的负担。

第二，实施智能化农业设施，如"蔬菜工厂"。在这些封闭的生产环境中，通过控制内部的环境条件，实现作物全年稳定生产。这些高科技农业模式通过使用 LED 灯光和自动化系统，能够最大化地节约能源并且减少土地使用，同时也大幅度减少对农药和化肥的依赖，推动农业生产向环保和可持续方向发展。

第三，通过大数据和人工智能优化农业生产决策。利用从各种传感器和卫星图片中收集到的大量数据，农业生产者可以使用机器学习算法分析作物生长趋势、病虫害发生概率和气候变化的影响。这些高级分析帮助农民作出更科学的种植决策，提高农业生产的效率和可持续性。

第四，推广使用可再生能源技术。在农业生产中引入太阳能、风能等可再生能源技术，用于动力和加热，减少对化石能源的依赖，降低温室气体排放。例如，一些农场已经开始安装太阳能板，用于提供农业机械和灌溉系统的电力需求。

通过上述方式，数字技术不仅推动了农业的智能化和绿色化转型，也实现了生产效率和环境可持续性的双重提升。这种转型不仅符合全球可持续发展的目标，也为农业产业的未来发展开辟了新的道路，增强了农业在全球经济中的竞争力。

（二）数字经济与农民就业多元化

数字经济的发展为农村地区带来了前所未有的就业机会，从而促进了就业多样性和经济活力的增强。这种变革不仅仅局限于传统农业，而是涵盖了电商运营、数字化农业实践、直播销售等多种新兴业态。

数字化农业实践引领了农业生产的现代化。通过引入智能农业技术，如无人机喷洒、智能灌溉系统和土壤监测技术，农民能够提高作物产量并减少生产成本。这不仅改善了农民的工作条件，也需要他们掌握新的技能和技术，从而转变为技术型农业工作者。

电商平台为农产品的销售提供了新渠道。农民可以通过在线市场直接销售产品至消费者，这样的模式不仅减少了中间环节，也增加了农民的收入。此外，电商还催生了一系列相关的就业机会，包括数字营销、客户服务和物流管理等，农民或其家庭成员可以通过培训转型参与到这些新兴领域。

直播销售成为一种流行的销售方式，特别是在农产品领域。农民通过直播向消费者展示产品，并进行实时互动，这不仅增加了销售渠道，也提高了消费者对产品的信任度。直播销售不仅限于年轻人，许多中老年农民也通过培训成为直播带货的主力军。

数字经济促进了农村地区的就业多样化。随着互联网和移动技术的普及，农村居民现在可以从事在线咨询、数据输入、远程教育和其他多种形式的远程工作，这些工作以前通常只在城市中找到。这种转变不仅为农民提供了更广泛的职业选择，也有助于稳定农村经济和减缓城乡之间的人口流动。

（三）提升农民人力资本的数字策略

在数字经济快速发展的背景下，农民的教育和技能水平成为决定其能否有效利用新技术、提升生活质量的关键因素。数字技术的广泛应用对知识和技能提出了更高的要求，这直接推动了农民人力资本的提升，进而支撑了乡村振兴的战略目标。

数字化教育平台如在线课程和远程培训程序已成为农民技能提升的重要工具。这些平台提供了从农业技术到电子商务等多方面的培训，极大地拓宽了农民的学习途径和内容。例如，农民可以通过智能手机访问各种在线课程，学习现代农业技术、市场分析、数字营销等相关知识，这不仅帮助他们提高农业产出，还能开拓新的销售渠道。

此外，政府和私营部门联合推出的各种培训项目也显著提升了农民的职业技能。这些项目通常针对具体的农业技术或管理技能进行设计，如精准农业操作、农场管理软件的使用等，旨在帮助农民掌握数字时代所需的核心竞争力。这样的技能提升不仅提高了农民的生产效率，也为他们提供了更多的就业机会，包括成为技术服务提供者和顾问。

技能认证系统的建立也是提升农民人力资本的一个关键步骤。通过参与官方认证的培训课程，农民可以获得认证证书，这些证书在就业市场中具有一定的权威性和认可度，有助于农民在就业市场上获得更好的竞争位置。此外，这种认证还促使农民持续更新和升级自己的技能，以适应快速变化的市场需求。

数字技术的普及也带来了信息获取的便利，农民可以通过网络快速了解到最新的农业政策、市场价格和技术进展，这些信息对于提升他们的决策能力和市场适应性极为重要。通过这种方式，农民的整体素质和能力得到了提升，他们能更有效地利用市场信息和技术工具，优化自己的生产和销售策略。

通过教育和技能培训，数字技术显著提升了农民的人力资本，这不仅增强了农民的个人能力，也为乡村振兴和社会经济发展贡献了力量。这种转型确保了农民能在数字经济时代保持竞争力，同时也为实现可持续发展的目标提供了坚实的人才支持。

（四）数字技术扩展农产品市场及提高销售效率

数字技术在扩展农产品市场和提高销售效率方面的应用，已成为推动农业现代化和促进农民增收的关键因素。通过电商、直播等手段，农产品不仅能够触及国内外更广阔的市场，同时也实现了销售过程的优化和效率提升。

第一，电商平台的利用大大拓宽了农产品的销售渠道。传统的农产品销售受地理和时间限制，而电商平台打破了这些限制，使农产品能够直达消费者。通过建立在线商店，农民可以直接将新鲜的农产品销售给全国乃至全球的消费者，这不仅增加了销售渠道，也极大提高了产品的流通速度和销售额。例如，四川的某种特色辣椒通过电商平台成功销售到欧洲多个国家，显著增加了当地农民的收入。

第二，直播销售转变了传统的营销模式，为农产品营销注入了新的活力。农民通过直播展示自己的农场和产品，不仅能够直接与消费者沟通，还能即时回应消费者的疑问和需求，提高了消费者的购买信心和满意度。直播的互动性使得农产品销售变得更为生动和有吸引力，也有助于建立消费者对品牌的忠诚度。在江苏，直播带货的模式使得一家小型蓝莓农场的销售量在一个季度内增长了 3 倍。

第三，数字技术优化了农产品的物流配送系统，缩短了从田间到餐桌的时间。通过整合 GPS 追踪系统、在线物流管理和实时数据分析，电商平台能够实现对农产品配送的精准控制和高效管理。这种高效的物流系统不仅保证了农产品的新鲜度和品质，也降低了运输成本，提高了整体供应链的效率。在浙江，一家专门销售有机蔬菜的电商利用先进的冷链物流技术，成功将鲜蔬送达消费者手中，保持了产品的最佳食用状态。

第四，通过数据分析和市场预测，电商和直播平台能够帮助农民更准确地掌握市场需求，调整生产策略。利用大数据分析消费者购买行为和市场趋势，农民可以预测哪些产品将会有较高的需求，从而优化种植计划和生产安排。这种基于数据的决策支持系统显著提升了农业生产的市场响应速度和灵活性。

通过上述分析，可以看出数字技术如电商、直播等手段在扩大农产品市场和提高销售效率方面发挥了巨大的作用。这不仅使农产品能够达到更广阔的市场，也实现了销售过程的高效化，极大地推动了农民的经济增长和农业产业的现代化进程。

（五）数字政府在农村发展中的战略作用

首先，数字化的信息系统极大地提高了政府决策的透明度和响应速度。通过建立全面的数据库和应用高效的数据分析工具，政府能够实时监控农村地区的发展状况，及时发现并解决问题。例如，使用地理信息系统（GIS）技术来分析农村地区的基础设施建设需求，可以更准确地规划和分配资源，确保投资的精准和有效。

其次，电子政务服务使得政府与公民之间的互动更为便捷。通过政府门户网站和移动应用，农民可以轻松访问各类服务，如土地注册、社会保障申请、健康服务等。这种方式不仅节省了农民的时间和成本，还提高了服务的可达性和满意度。

再次，数字政府推动了智能政务的实施，如利用人工智能和机器学习技术优化公共服务的分配和管理。智能算法可以根据历史数据和实时输入优化资源分配，如在农业补贴、灾害应急响应等方面作出更快、更合理的决策。在福建省，一个智能灌溉系统项目通过分析气候数据和土壤湿度，自动调整灌溉计划，提高了水资源的利用效率，减少了浪费。

最后，通过促进数字包容性，确保所有地区特别是边远农村地区的居民都能享受到数字化带来的好处。政府通过建设基础通信设施和提供数字技能培训，使得农民能够有效使用数字工具，参与到数字经济中。例如，山西省的一个农村数字化项目专门为老年人开设了智能手机使用培训班，极大地提高了他们的数字参与度，使他们能够通过电商平台销售自家产品，增加收入。

通过上述措施，数字政府不仅优化了政务服务的质量和效率，还推动了城乡之间的均衡发展，提高了农村地区的发展潜力和居民的生活质量。这种政策和技术的结合，有效地实现了政府服务的现代化，为乡村振兴战略的成功实施奠定了坚实基础。

（六）数字经济在城乡融合中的关键作用

数字经济在推动城乡融合方面发挥了关键作用，尤其是在"百千万工程"中，政策部署和战略规划有效地缩小了城乡发展差距，促进了社会经济的均衡发展。这种影响主要体现在资源共享、经济活动的地域扩展，以及提升农村地区的公共服务质量。

数字平台的建设和运用使得城乡之间的资源共享成为可能。通过云计算和大数据技术，农村地区能够接入城市的教育、医疗等公共服务资源。例如，远程教育系统使得农村学生可以接受与城市同质的教学资源，远程医疗服务则让农村居民在家门口就能享受专业医师的诊疗建议。这些技术的应用直接提高了农村地区的生活质量和居民的满意度，也为城乡教育和健康服务的均衡提供了有力支持。

此外，数字经济推动了经济活动的地域扩展。通过电子商务平台，农村生产者可以将产品直接销售到全国乃至全球市场，这不仅为农村经济带来了新的增长点，也实现了产品价值的最大化。同时，数字工具和平台的普及使得农村地区的创业者和小微企业能够通过互联网营销和在线交易进入更广阔的市场，这些都是城乡融合的重要表现。

数字化还显著提升了农村地区的公共服务质量。政府通过建设数字化的基础设施，比如宽带网络和数据中心，确保了农村地区在享受数字服务时的连续性和安全性。基于互联网的公共服务平台实现了政府服务的透明化和高效化，农村居民能够通过在线平台便捷地办理各类行政事务，如土地登记、社会保障申领等，这些都有效提高了政府服务的可访问性和响应速度。

通过这些措施，数字经济在"百千万工程"中担当了重要角色，不仅推动了技术和资源的下沉，也助力了城乡区域间的经济和社会发展的均衡。这种通过技术赋能的城乡融合模式，为中国乡村振兴战略的成功实施提供了坚实的基础和广阔的前景。通过这样的策略实施，城乡之间的发展差距被有效地缩小，共同构建了一个互联互通、共享共赢的社会经济发展新格局。

第三节　"数字＋治理"为乡村治理提效率

数字化手段与乡村治理的融合，即"数字技术＋治理"模式，对乡村既有治理架构进行了深刻革新，显著优化了运营效能，有力驱动了治理体系结构的现代化转型。这一过程不仅实现了党务、村务及财务信息的全方位透明化，巩固了乡村社会秩序的基石，更有力地提升了整体的基层治理效能。一方面，数字化技术为农村治理提供了更加便捷、高效的管理手段。数字化手段提高了治理的透明度和公正性，增强了群众对政府的信任和支持。另一方面，数字经济还通过拓展应用促进乡村治理的现代化，助力提高农村治理的智能化水平。通过物联网、大数据、人工智能等技术手段，可以实现对农村生产生活各方面的监测和管理，提高治理的精准度和科学性。此外，数字经济还推动了政务服务向乡村普及。通过在线政务服务平台等渠道，数字经济推动政务服务网上办、马上办、少跑快办，提高办事便捷程度。这为农民群众提供了更加便捷、高效的服务体验，提高了农村治理的效率和水平。

一、"数字＋治理"案例探析

（一）智能监控技术在乡村治理中的应用

在当前的乡村治理实践中，智慧乡村服务平台的部署及其与天眼工程体系的无缝对接，成为增强地方治理效能的一个重要范例。以岳阳市平江县木金乡后岩村为例，通过安装超过 50 台监控摄像头，此举不仅极大地提升了治理技术的现代化水平，也为村庄的安全管理提供了坚实的技术支撑。这些监控摄像头的部署覆盖了村内的关键河段、核心林区及交通要冲，通过高清的图像传输，实时的数据分析，有效地保障了这些重要区域的监控无死角，显著提高了对于突发事件的快速响应能力和处理效率。

监控系统的核心在于其与天眼工程体系的深度整合。天眼工程作为一个广泛的监控网络，其设计初衷在于通过高科技手段实现对公共安全的全方位守护。后岩村的监控摄像头通过先进的网络技术与天眼工程中的中央数据库和分析系统对接，这种技术融合不仅加强了数据的即时性和准确性，也促进了大数据分析在乡村治理中的应用。这种方式不仅可以实时监控到村庄的各个角落，还能够通过数据分析预测潜在的风险点，从而在问题发生之前采取预防措施。此外，智能监控技术在提升乡村治理效率的同时，也在社会治安、自然资源保护等多个方面发挥了积极作用。例如，在关键河段的监控帮助实现了对非法捕鱼、倾倒废物等违法行为的即时识别和干预；核心林区的监控则有效防止了非法砍伐，保护了生态环境；而交通要冲的监控则确保了交通安全和畅通，减少了交通事故的发生。这些监控点的数据被实时收集和分析，提供了治理决策的科学依据，增强了乡村治理的透明度和公众参与度。

智能监控技术的应用不仅仅是技术的简单部署，更是一种全新的乡村治理模式的探索。后岩村通过这种模式，有效地将传统治理与现代科技进行了有机结合，不仅提升了治理效率，也促进了社会治理现代化的步伐，为乡村振兴和高质量发展提供了有力支撑。这一成功经验可为其他乡村治理工作提供借鉴与参考，展示了数字化转型在推动乡村高质量发展中的重要价值和广阔前景。

（二）数字技术优化乡村治理透明度

在现代乡村治理中，数字技术的融合已经成为提升治理透明度与效率的关键因素。具体到党务、村务及财务信息的透明化，数字平台的应用不仅仅是信息技术的普及，更是对乡村治理结构进行现代化改造的重要步骤。后岩村通过建立综合数字化管理平台，实现了治理信息的全面公开，这包括党务活动的详细记录、村务管理的日常操作及财务状况的实时更新。这种信息的公开化极大地增强了村民对治理活动的可见性和可追溯性，使村民能够实时了解村委会的决策和执行情况。

数字化平台的关键优势在于其能够实时更新与共享信息，确保所有数据的时效性和准确性。在财务管理方面，通过数字技术的应用，每一笔收支都被详细记录并向全村公开，村民可以通过移动设备随时查看这些信息，这不仅减少了人为的错误，也大大降低了贪污腐败的可能性。在党务和村务管理上，通过线上会议、实时通报等功能，即便是身处村外的村民也能参与到村里的重要决策和讨论中，从而保障了决策过程的公正性和包容性。

这种信息透明化直接影响了村民对治理结构的信任度和满意度。当村民能够清晰地看到每一项决策背后的信息和动机，以及每一笔财务的去向，他们对村委会的信任自然增强，治理结构因此获得了更广泛的社会认可。这种信任是乡村稳定发展的基石，也是推动村民积极参与乡村治理的重要因素。此外，透明化还带来了村民监督权的实质性提升，村民不仅可以监督村委会的每一项决策，还可以通过数字平台反馈意见和建议，形成了良性的互动和监督机制。通过实现党务、村务及财务信息的全方位透明化，柱子平台不仅提高了治理的效率和公正性，也极大地提升了村民的满意度和对治理结构的信任。这一成功实践不仅为同类乡村治理提供了可借鉴的经验，更显示了数字化转型在推动乡村治理现代化进程中的关键价值。

（三）防灾系统的数字化建设与成效

后岩村在数字化治理实践中的一个突出成就是其防灾系统的数字化建设及其成效的体现。该村充分利用了包括防溺水系统和防返贫监测平台在内的一系列数字工具，有效应对了自然灾害和社会问题，展示了数字技术在提高乡村治理能力和应对能力方面的重要价值。

防溺水系统作为后岩村应对自然灾害的关键措施之一，通过在关键水域区域部署传感器和监控摄像头，实时监测水位和流速变化。这些设备连接到村里的中央监控系统，一旦检测到异常水文现象，系统便会自动触发警报，并通过村庄广播系统和移动应用推送警报信息给村民，确保了居民的生命安全和财产安全。此外，该系统还能通过数据分析，对历史水文数据进行整理和分析，预测潜在的高风险时段，从而提前做好防范措施。

防返贫监测平台则是后岩村在社会问题应对方面的创新应用。该平台通过收集村民的经济活动数据、健康信息和社会参与情况，利用数据分析工具对村民的生活质量进行监测和评估。平台能够识别出可能面临返贫风险的家庭，并及时将这些信息反馈给村委会和相关扶贫机构，确保可以快速实施援助措施。通过这一系统，后岩村有效防止了因病、因灾等导致的返贫问题，提高了整体的社会稳定性和居民的生活质量。这些系统的建设和应用不仅提高了后岩村的应急响应速度和治理效率，还提升了村民对乡村治理的满意度和信任感。实时的数据监控和快速的应对机制让村民感受到了治理的透明度和公正性，加强了村庄的凝聚力和抗风险能力。同时，这些数字化工具也为村庄的可持续发展提供了强有力的支撑，促进了乡村振兴和社会和谐。

后岩村通过防溺水系统和防返贫监测平台等数字化工具，成功构建了一个覆盖自然灾害和社会问题的全方位防灾体系。这一创新的治理模式不仅增强了村庄的自我保护能力，也为其他乡村提供了宝贵的经验和示范，显示了数字技术在现代乡村治理中的巨大潜力和应用广度。

（四）互联网技术在乡村治理中的综合应用

后岩村在乡村治理现代化的进程中，对互联网、大数据和云计算等技术的综合应用展现出了前瞻性和创新性。通过这些现代数字技术的深度交织，后岩村成功构建了一个高效、透明且响应迅速的综合治理网络。这一网络不仅仅是技术的简单堆砌，而是通过精心设计与定制，实现技术与乡村治理需求的高度契合。

首先，互联网技术为后岩村的治理体系带来了实时连通性和边界无限扩展的可能。通过互联网，村委会能够实时发布通知、收集反馈，村民也能随时了解到村庄的最新动态和政策变化。这种即时的信息流通极大地提升了治理的透明度和村民的参与度，增强了村庄内部的沟通与协作。

其次，大数据技术的引入使后岩村的决策过程变得更加科学和精确。通过收集和分析大量关于村民行为、资源使用情况及外部环境的数据，村委会能够更好地理解村庄运行的实际情况，预测未来可能出现的问题，并制定更为有效的治理策略。例如，在农业生产中，村委会通过分析历史天气数据和作物生长数据，能够优化种植计划和水资源分配，提高农业产出的同时减少资源浪费。

最后，云计算的应用则为后岩村提供了必要的计算资源和数据存储能力。借助云平台，所有的治理数据可以被安全地存储在云端，确保数据的安全性和可访问性。同时，云计算强大的处理能力使得复杂的数据分析任务变得可能，支持了大数据分析和实时监控系统的运行。此外，云服务的可扩展性意味着村庄能够根据需要灵活调整资源，无需巨大的前期投资。

综合运用这些技术，后岩村的治理网络实现了各种资源的最优配置和实时监管，大大提高了治理的效率和效果。这一网络不仅覆盖了常规的行政管理，还扩展到了公共安全、社会福利、环境保护等多个领域。通过这种方式，后岩村的治理结构不仅适应了现代社会的需求，也为村民提供了更加便捷、高效的服务。

后岩村的案例清楚地表明，互联网、大数据和云计算的综合应用能够极大地提升乡村治理的现代化水平。这种技术整合不仅提升了治理效率，更强化了村庄的适应能力和持续发展能力，为乡村振兴和高质量发展奠定了坚实的基础。后岩村的成功实践为其他乡村提供了宝贵的经验和启示，展示了在数字经济时代，如何通过科技创新推动乡村治理向更高水平演进。

（五）智慧党建平台的角色与影响

智慧党建平台在后岩村乡村治理现代化进程中扮演了核心角色，通过高度的数字化集成，显著提升了党务管理的效率与质量。此平台不仅是技术的应用示范，更是乡村治理结构改革的一部分，其设计和实施具体体现了如何通过技术创新优化党内管理和服务质量。

智慧党建平台通过整合党员信息管理、活动组织、教育培训及党内监督等多个功能，构建了一个全面的数字服务系统。这个系统使得党员信息的录入与更新变得自动化和实时化，极大提高了数据处理的效率和准确性。党务工作人员可以通过平台迅速获取党员的动态和党组织的运行情况，确保信息的时效性和管理的透明度。

该平台提供了一个互动的学习和交流环境，通过在线教育和虚拟会议室功能，使党员能够不受地理限制地参与到党的教育培训和会议中。这种模式不仅提高了培训的覆盖率和参与率，也使得教育内容可以根据实际需要进行及时更新，保证了党员教育的质量和实效性。

此外，智慧党建平台还具备先进的数据分析功能，能够对党员活动的参与度、教育培训的效果及党内民主生活的质量进行评估[①]。通过收集和分析这些数据，党组织能够更好地了解党员的需求和意见，及时调整党务活动的方向和内容，确保党建工作更加精准和高效。

更重要的是，智慧党建平台通过提供透明化的决策和反馈机制，极大地提升了党内监督的效果。党员和群众可以通过平台对党的决策和工作人员的表现进行监督和评价，这不仅拓展了党务公开的广度和深度，也促进了党内外的良性互动和信任建设。

通过这些功能，智慧党建平台大大降低了行政成本，同时提升了党务管理的效率和党员满意度。后岩村利用这一平台，不仅优化了党务管理，还强化了党的引领作用，推动了乡村治理的全面提升和高质量发展。这一案例清楚展示了智慧党建如何作为乡村治理改革的有力工具，提高治理效率和质量，促进了治理能力现代化，为乡村振兴战略的实施提供了坚实的支撑和有益的示范。

二、"数字 + 治理"经验总结

（一）科技介入提高乡村治理的监管能力

在乡村治理的应用中，科技的介入对于监管能力的提升和覆盖范围的扩大起到了关键作用。分析后岩村及其他乡村在应用数字技术中的实践，可以

---

① 许佳."智慧党建"催生提质增效新动能[J].当代电力文化,2024(4)：28-29.

归纳出科技手段如何有效提升乡村治理的监管能力。

第一，科技介入实现了实时监控与数据采集的自动化，显著扩大了监管的覆盖面。传统的乡村治理受限于人力资源和地理因素，监管的覆盖面往往局限于中心区域。而智能监控技术的引入，例如，后岩村部署的智能监控摄像头为远端和偏远区域提供了持续且实时的监控，确保了关键区域如交通要冲、核心林区的全面监管。这种技术通过高清视频和实时数据传输，为村委会提供了即时的情报反馈，使监管无死角、无盲区。

第二，科技的介入通过大数据分析优化了监管效能。数据不再是静态的报告，而是动态的、可操作的信息。后岩村通过构建的大数据平台能够实时分析和处理来自各监控点的数据，不仅仅是用于事后审查，更能够通过预测分析主动预防可能的风险和问题。例如，防返贫监测平台通过分析经济活动、健康数据等多维度信息，预测家庭可能面临的经济风险，及时提供干预措施，有效提升了监管效能。

第三，云计算的引入使得乡村治理的数据处理能力得到了质的飞跃。云平台提供了几乎无限的存储和强大的计算能力，使得后岩村能够处理大规模的数据，支持复杂的数据分析和决策制定过程。此外，云计算平台的高度可扩展性和灵活性，使得乡村治理可以根据实际需求调整资源配置，进一步提升了治理的灵活性和响应速度。

第四，科技介入通过提高信息透明度增强了监管的社会效果。智慧党建平台和数字化村务公开系统等工具，使得党务、村务和财务管理的每一个决策和执行过程都在村民的监督之下进行，大大提高了治理的透明度和公众的参与度。这不仅提升了监管的社会接受度，还通过增强群众的信任感，提高了政策执行的效果。

通过上述分析，我们可以看到，科技手段的介入不仅拓宽了乡村治理的监管覆盖面，更通过提升数据处理能力和透明度，有效增强了监管效能。后岩村等案例为我们提供了宝贵的经验，展示了在数字经济背景下，乡村治理如何通过科技创新实现质的飞跃，为推动乡村振兴和高质量发展提供了有力的支撑。

（二）数字化服务平台的多功能性

数字服务平台实现了政务服务的"网上办、马上办、少跑快办"。在传统模式下，村民往往需要亲自前往政府部门进行多次排队和等待，处理各类行政事务。数字化服务平台通过提供在线表单填写、电子文件上传和实时进度查询等功能，大大简化了这一过程。村民可以在家中通过互联网提交请求，处理事务，这不仅节省了时间，也降低了成本。这些平台具有高度的集成性，能够跨部门整合服务。多功能性的表现在于能够在单一平台上处理从出生登记、婚姻登记到土地注册等各类事务。此外，平台还可以连接到其他政府数据库，如公安、社保、税务等，实现数据的共享和业务的联动，从而提高处理效率和服务质量。

数字化服务平台通过数据分析功能增强了政务决策的支持能力。平台能够收集和分析来自公众的反馈信息，监测服务的使用情况，从而为政策制定者提供决策支持。例如，通过分析居民在平台上的查询和处理行为，政府可以了解到哪些服务需求最为迫切，哪些程序最需要改进，据此调整资源配置和优化流程。

数字服务平台也承担了公共教育和信息传播的功能。政府可以通过平台发布重要政策、法律法规更新、突发事件应对措施等信息，确保信息的及时传达和广泛覆盖。同时，平台还可以提供在线学习模块，如税务知识教育、农业技术培训等，这不仅提升了公众的知识水平，也增强了政策的社会接受度和实施效果。

数字化服务平台通过其多功能性显著提高了政务服务的便利性和效率，这些平台不仅优化了传统的行政流程，还促进了公共资源的有效利用和政府治理能力的现代化[①]。这种模式的成功实施为其他乡村提供了宝贵的借鉴和经

---

① 张新华.打造数字平台服务新模式 探索金融服务乡村振兴新路径［J］.甘肃金融，2024(7): 2-7.

验，标志着乡村治理在数字化道路上迈出了坚实的步伐。

（三）提升乡村治理智能化与现代化

第一，智能监控技术的运用。在乡村治理中，智能监控技术不仅能实时监测公共安全和农业生产活动，还能通过数据分析支持决策制定。例如，利用高清摄像头和传感器监控农作物生长状况和畜牧活动，确保资源的合理配置和风险的及时预防。这些技术的应用大幅提高了治理的实时性和预警能力。

第二，数字化提升治理透明度。治理部门构建透明的数字化信息平台，如农村公共资源交易和土地使用权的公开，使民众可以更方便地获取相关信息，有效提高治理的公开透明度和民众的参与度。此外，数字化文件管理系统也能减少纸质文件的使用，提升行政效率和数据安全。

第三，防灾系统的数字化建设。在应对自然灾害方面，数字化防灾系统能有效整合气象数据和地理信息系统，及时发布预警信息，优化救灾资源配置。例如，利用大数据分析识别潜在高风险区域，提前进行人员疏散和物资准备，减少自然灾害对农村社区的影响。

第四，互联网技术的综合应用。互联网技术的普及使得信息传播更快、更广，乡村居民可以通过智能手机或其他设备，轻松访问政府服务和社会信息。这不仅提升了居民的生活质量，也为乡村治理提供了一个高效、互动的平台。

第五，智慧党建平台的影响。党建工作是乡村治理的重要组成部分，智慧党建平台通过数字化手段，加强党员教育和管理，提升党组织的凝聚力和战斗力。例如，农村基层党组织通过在线教育平台提供党的政策法规培训，确保党员及时了解和贯彻党的方针政策。

数字技术不仅提升了乡村治理的效率和透明度，还为乡村治理现代化和智能化带来了创新的思路和方法。这些技术的应用不断深化乡村振兴战略，有效推动了乡村的高质量发展。这一过程中，可以看到数字经济的力量正在逐步解锁乡村治理的新模式，推动治理体系和治理能力现代化。

（四）促进治理的公众参与和民众的利益共享

在数字经济的推动下，乡村治理模式正在经历一场前所未有的转型，特别是在公众参与和利益共享方面。数字化不仅仅是技术的应用，更是一种全新的社会互动方式，它通过提升信息的透明度和参与的便捷性，促进了治理结构的现代化。

数字化手段通过多个渠道增强了公众参与乡村治理的能力。例如，利用在线平台进行政策讨论和投票，使得远离行政中心的农村居民也能对地方政策发表意见并参与决策过程。这种模式不仅提高了政策制定的透明度，还增强了民众的满意度和政策的接受度，因为每个人都有机会表达自己的观点和需求。

此外，数字工具如智能手机应用和社交媒体平台的广泛使用，极大地方便了信息的传播和获取。农民可以通过这些平台了解政府的扶贫政策、市场动态以及农技信息，这些都是传统方式难以做到的。通过智能数据分析，政府可以根据农民的反馈调整政策，确保资源的有效分配，促进利益的最大共享。

利益共享机制的实现还得益于数字化的财务管理工具。通过电子支付系统和透明的财务管理软件，农村地区的资金流向更加清晰，村民能直观地看到公共资金的使用情况，减少了贪污腐败的可能，保障了资金用于真正的社区发展。并且数字化还促进了农产品的直接销售。利用电商平台，农民可以直接将产品销售给消费者，省去了中间环节，不仅增加了农民的收入，也让消费者享受到更低的价格和更新鲜的产品。这种直接的经济联系也是利益共享的一种体现，它使得消费者和生产者之间建立了直接的信任和合作关系。

总之，数字化手段的引入不仅提高了乡村治理的效率和现代化水平，更重要的是，它通过促进公众参与和利益共享，带来了治理模式的根本改变。这种变革不仅推进了乡村振兴战略的实施，也为乡村社区的持续发展注入了新的动力。在这个过程中，公众的积极参与和利益的有效共享，成为推动乡村治理现代化的关键因素。

第五章 数字经济助推乡村振兴高质量发展面临的现实困境与成因

第一节 数字经济助推乡村振兴高质量发展面临的现实困境

一、数字经济基础设施建设不完善

数字经济在乡村振兴中扮演着举足轻重的角色，它不仅能够推动农业现代化，提升农村生产效率，还可促进农民增收，进一步缩小城乡差距。然而，当前我们面临的一个重要困境是数字经济基础设施建设的不完善。这一短板限制了数字技术在乡村的广泛应用，阻碍了乡村振兴的步伐。因此，加强数字经济基础设施建设已成为当下的紧迫任务，只有解决了这一问题，我们才能充分发挥数字技术在乡村振兴中的巨大潜力，推动农业农村的现代化进程。

（一）乡村网络基础设施现状

当前乡村网络基础设施建设主要面临三个问题。一是网络覆盖率不足。截至 2022 年 12 月，我国互联网普及率为 75.6%，其中城镇网民规模为 7.59 亿，而农村网民规模仅为 3.08 亿。这一数据鲜明地揭示了农村互联网普及率与城市之间的巨大差距。网络覆盖不全对乡村居民日常生活及乡村企业运营造成了显著影响。对于居民而言，网络不仅是获取信息的窗口，也是娱乐、学习的重要工具。网络覆盖不足意味着他们可能无法及时获取最新的市场信息、教育资源和医疗服务，从而限制了其生活质量的提高。对于企业而言，网络是连接市场、拓展业务的关键。网络覆盖不全导致乡村企业难以利用互联网进行产品推广和销售，制约了其发展和竞争力。

二是网络速度与质量较低。乡村地区的网络速度普遍低于城市，这不仅影响了居民的日常网络体验，也对远程教育、远程医疗、电子商务等应用造成了具体影响。例如，在远程教育中，网络速度慢会导致视频卡顿、延迟，影响学习效果；在远程医疗中，网络不稳定可能导致诊断中断或数据传输错误，给患者带来风险；在电子商务中，网络速度慢会影响交易效率，降低消费者体验，进而影响乡村企业的线上销售。

三是网络成本问题。乡村居民和企业承担网络费用的能力相对较弱，这对网络普及构成了制约。一方面，乡村地区的经济水平相对较低，居民和企业的收入水平有限，难以承担高昂的网络费用。另一方面，由于乡村地区的网络基础设施建设成本较高，运营商往往需要通过提高价格来覆盖成本，这进一步加剧了乡村居民和企业的网络负担。网络成本问题不仅影响了乡村地区的网络普及率，也制约了乡村居民和企业利用互联网进行创新和发展的能力。因此，解决乡村地区的网络成本问题，降低网络使用门槛，是推动乡村网络普及和应用的重要一环。这需要政府、企业和社会各界的共同努力，通过政策扶持、技术创新和模式创新等方式，为乡村地区提供更加经济、高效的网络服务。

（二）数字化设备普及状况

近年来，随着数字乡村战略的深入实施，乡村地区的数字化设备普及率显著提升，但与城市地区相比仍存在一定差距。据相关数据统计，乡村地区的智能手机、计算机等数字化设备普及率逐年上升，智能手机作为乡村居民接入互联网的主要工具，其普及率增长迅速，用户规模不断扩大，渗透率已接近或达到城市水平的一定比例，成为乡村居民获取信息、娱乐、学习的重要平台。相比之下，计算机的普及率虽相对较低，但也呈现出稳步上升的趋势，随着农村电商、远程教育、智慧农业等应用的推广，越来越多的乡村居民和企业开始认识到计算机等智能终端的重要性。乡村地区的数字化设备整体上不断提升，随着科技的不断进步和成本的不断降低，乡村居民能够购买到性能更强大、价格更实惠的数字化设备。然而，由于经济条件的限制和信息获取的不对称，部分乡村居民仍在使用性能较低、老旧的设备。尽管设备性能在不断提升，但乡村地区在设备更新换代方面仍呈现出一定的滞后性，部分乡村居民和企业对新技术接受程度有限，对数字化设备的更新换代并不积极。不过，随着数字乡村战略的深入实施和政策的持续推动，越来越多的乡村居民和企业开始意识到设备更新换代的重要性，并逐步加大投入力度。尽管面临设备更新成本高、维护难度大、技术支持不足等挑战，但政府、企业和社会各界正共同努力，通过政策扶持、资金投入、技术培训等方式加以解决，同时加强乡村地区的信息化建设，提高居民和企业对数字化设备的认知度和使用能力，以推动数字乡村战略的深入实施。

（三）基础设施规划与布局问题

在乡村数字经济快速发展的背景下，基础设施的规划与布局问题日益凸显，成为制约乡村数字经济进一步发展的重要因素。

当前，乡村数字经济基础设施的规划未能跟上数字经济发展的步伐，这一现象在多地均有体现。分析其原因，主要在于资金、技术、人才等方面的不足。资金方面，乡村地区往往面临财政紧张的状况，难以投入大量资金进行数字经济基础设施的规划与建设。技术方面，乡村地区的技术水平相对落后，缺乏先进的规划理念和技术手段，导致基础设施规划的科学性和前瞻性不足。人才方面，乡村地区缺乏专业的规划人才，难以制定出符合数字经济发展需求的基础设施规划方案。

除了规划滞后外，乡村数字经济基础设施的布局不合理也是一大问题。例如，在某些乡村地区，数字经济基础设施的布局过于集中，导致资源浪费和重复建设；而在另一些地区，则存在基础设施覆盖不足、服务半径过大等问题，无法满足乡村居民和企业的实际需求。这种布局不合理的现象对资源利用效率和服务质量都产生了负面影响。一方面，资源无法得到有效利用，造成了浪费；另一方面，服务质量下降，影响了乡村居民和企业的数字经济体验，进而制约了乡村数字经济的发展。

乡村数字经济基础设施的规划与布局问题亟待解决。为了解决这些问题，需要政府、企业和社会各界共同努力。政府应加大对乡村数字经济基础设施的投入力度，提供资金支持和政策扶持；企业应积极引入先进技术和管理经验，提高基础设施的规划和建设水平；社会各界则应共同参与，形成合力，推动乡村数字经济基础设施的规划与布局更加科学、合理。只有这样，才能为乡村数字经济的发展提供有力支撑，助力乡村振兴战略的深入实施。

（四）资金投入与政策支持不足

乡村数字经济基础设施的建设与发展，离不开充足的资金投入与强有力的政策支持。然而，当前在这一领域，资金投入与政策支持均显得不足，制约了乡村数字经济的进一步发展。

从数据上看，政府和社会资本对乡村数字经济基础设施的投入情况并不乐观。尽管近年来政府加大了对乡村地区的投入力度，但由于乡村经济发展水平相对较低，政府财政紧张，导致对数字经济基础设施的投入有限。同时，社会资本也因乡村地区投资风险大、回报周期长等因素而持谨慎态度，投入意愿不高。这种资金投入不足的现状，直接影响了乡村数字经济基础设施的建设质量和进度。

近年来，国家及地方政府在乡村数字经济基础设施建设方面出台了一系列政策措施，旨在推动乡村数字经济的发展。然而，在政策执行过程中，仍存在一些问题和不足。一方面，政策落实不到位，部分政策在执行过程中被打折扣，未能充分发挥政策效应；另一方面，政策支持力度不够，一些关键领域的政策支持尚显薄弱，无法满足乡村数字经济基础设施建设的实际需求。此外，政策之间的衔接性和协调性也有待加强，以避免政策之间的冲突和重复。

资金投入与政策支持不足是当前乡村数字经济基础设施建设面临的重要

问题。为了解决这一问题，需要政府、企业和社会各界共同努力。政府应进一步加大对乡村数字经济基础设施的投入力度，优化投资结构，提高资金使用效率；同时，还应完善相关政策措施，加大政策支持力度，确保政策能够真正落地生效。企业应积极履行社会责任，加大对乡村地区的投资力度，推动乡村数字经济基础设施的建设与发展。社会各界则应共同参与，形成合力，为乡村数字经济基础设施的建设与发展提供有力支持。只有这样，才能打破资金投入与政策支持不足的瓶颈，推动乡村数字经济实现高质量发展。

（五）具体案例与问题分析

在探讨乡村数字经济基础设施建设不完善的问题时，我们以某具体省份（如河南省）为例进行深入分析。

河南省作为农业大省，近年来积极推动数字乡村建设，但在数字经济基础设施建设方面仍面临诸多挑战。据河南省统计局数据显示，尽管全省网络覆盖率逐年提升，但在部分偏远乡村地区，网络信号不稳定、宽带接入率低的问题依然突出。这不仅限制了农民通过互联网获取市场信息、学习先进技术的能力，也阻碍了数字农业、农村电商等新兴业态的发展。以河南省某偏远乡村为例，该村拥有丰富的农产品资源，但由于网络基础设施薄弱，农产品上行渠道不畅，导致优质农产品难以走出乡村，影响了农民增收和乡村经济发展。此外，该村在智慧农业、乡村治理等领域的应用也受限于基础设施的不足，无法充分发挥数字技术在乡村振兴中的潜力。分析其原因，一方面是由于乡村地区经济发展水平相对较低，政府财政投入有限，难以支撑大规模的基础设施建设；另一方面，乡村地区地形复杂、人口分散，基础设施建设成本高、难度大，社会资本参与意愿不高。针对上述问题，河南省政府已出台一系列政策措施，加大乡村数字经济基础设施建设投入，优化网络布局，提升宽带接入率。同时，鼓励社会资本参与乡村数字基础设施建设，推动形成多元化参与格局。未来，随着基础设施的不断完善，河南省乡村数字经济将迎来更加广阔的发展空间。

（六）解决路径与对策建议

针对乡村数字经济基础设施建设面临的挑战，我们提出以下解决路径与对策建议：首先，加大投入力度是关键。政府应充分发挥主导作用，增加财政投入，为乡村数字经济基础设施建设提供资金保障；通过政策引导和社会资本合作（PPP）模式，鼓励社会资本积极参与乡村数字经济基础设施建设，形成政府与社会资本共同推进的良好格局。其次，优化规划与布局是重要环节。政府应制定科学合理的数字经济基础设施规划，确保基础设施的布局合理、能够满足乡村居民和企业的实际需求。在规划过程中，要注重与乡村发展实际相结合，充分考虑地域、人口、经济等因素，确保基础设施的均衡发展和有效利用。再者，提升设备性能与普及率也是必不可少的。政府可以通过补贴、优惠等政策措施，降低乡村居民和企业购买数字化设备的成本，提高数字化设备的普及率。同时，要加强数字技能培训，提高乡村居民使用数字化设备的能力，让他们更好地享受数字经济带来的便利。最后，完善政策支持体系是保障。政府应加大政策宣传与落实力度，确保政策能够真正惠及乡村地区，为乡村数字经济基础设施建设提供有力支持；要建立健全监管机制，对政策执行情况进行定期评估和监督检查，保障政策执行效果，确保乡村数字经济基础设施建设的顺利推进。通过加大投入力度、优化规划与布局、提升设备性能与普及率及完善政策支持体系等多方面的努力，我们可以有效推进乡村数字经济基础设施建设，为乡村经济的振兴和发展奠定坚实基础。

二、数字化技能型人才相对欠缺

数字化技能型人才在乡村振兴中发挥着至关重要的作用。他们是推动乡村数字经济高质量发展的关键力量，能够运用数字技术提升农业生产效率，促进农村产业升级，拓宽农民增收渠道。然而，当前我们面临的一个主要困境就是数字化技能型人才的欠缺。这一现状限制了数字技术在乡村的深入应用，影响了乡村振兴的整体进程。因此，培养和引进数字化技能型人才已成为乡村振兴工作中的一项紧迫任务。只有拥有一支具备数字化技能的专业人才队伍，我们才能更好地发挥数字技术在乡村振兴中的引领作用，推动乡村经济社会全面进步。

（一）乡村数字化技能型人才现状

当前，乡村地区在数字化技能型人才方面面临着严峻的挑战。首先，人才数量严重不足，成为制约乡村数字经济发展的关键因素。据相关数据显示，乡村地区数字化技能型人才的数量远不及城市地区，这一差距不仅体现在总量上，更在于高素质、高技能人才的稀缺。这种人才数量的不足，直接限制了乡村地区在数字经济领域的创新能力和发展速度，使得许多先进的数字化技术和应用难以在乡村得到有效推广和实施。其次，乡村数字化技能型人才的结构不合理问题也十分突出。在年龄结构上，乡村地区往往缺乏年轻有为、具备创新思维的青年才俊，而中老年人占比较大，这在一定程度上影响了数字化技能的更新迭代和传承发展。在性别结构上，女性数字化技能型人才的比例相对较低，性别失衡现象明显。此外，教育背景的不均衡也是一大问题，许多乡村数字化技能型人才缺乏系统的专业培训和高等教育背景，这限制了他们在数字经济领域的深入发展和高端应用。更为严重的是，乡村地区还面临着数字化技能型人才流失的困境。由于乡村地区经济发展水平相对较低，生活条件和工作环境与城市相比存在较大差距，导致许多具备数字化技能的优秀人才不愿意留在乡村发展。加之乡村地区在薪酬待遇、职业发展机会等方面缺乏吸引力，进一步加剧了人才流失的现象。这种人才流失不仅削弱了乡村数字经济的持续发展动力，也影响了乡村地区整体的经济社会进步。

（二）数字化技能型人才培养与引进问题

乡村地区在数字化技能型人才培养方面存在显著不足，具体体现在教育资源匮乏和培训体系不健全上。据统计，乡村地区平均每万人拥有的数字化技能培训资源仅为城市的30%，且培训内容往往滞后于行业最新发展，难以满足实际需求。教育资源的不均衡分配，导致乡村青少年在接触和学习数字化技能方面存在先天劣势。同时，现有的培训体系缺乏系统性和针对性，多以短期培训为主，缺乏长期、持续的跟踪培养机制，难以培养出具备深厚理论基础和实践经验的数字化技能型人才。这种培养体系的不完善，严重制约了乡村数字化人才的供给，使得乡村地区在数字经济竞争中处于不利地位。

在引进数字化技能型人才方面，乡村地区同样面临诸多障碍。政策层面，虽然近年来国家和地方政府出台了一系列鼓励人才向乡村流动的政策措施，但在具体实施中往往存在落实不到位、吸引力不足等问题。例如，针对数字化技能型人才的税收优惠、住房补贴、子女教育等优惠政策力度有限，难以与城市地区的竞争优势相抗衡。环境方面，乡村地区的基础设施、公共服务、文化生活等方面与城市相比仍有较大差距，难以满足高端人才的需求。此外，乡村地区的企业和产业基础相对薄弱，缺乏能够为数字化技能型人才提供广阔发展空间的平台和机会。这些因素共同作用，导致乡村地区在引进数字化技能型人才方面效果不佳，进而制约了乡村数字经济的高质量发展。缺乏足够的人才支撑，乡村地区在推动数字技术应用、产业升级等方面将步履维艰。

（三）具体案例与问题分析

以 A 县为例，该县作为传统农业大县，在探索数字经济助推乡村振兴的过程中，遭遇了数字化技能型人才严重匮乏的困境。A 县曾尝试引入智慧农业项目，旨在通过物联网、大数据等技术提升农业生产效率。然而，项目实施初期便遭遇人才瓶颈，当地既懂农业又精通数字技术的复合型人才几乎为零。项目团队不得不从外部高薪聘请专家进行指导，但外来人才对本地情况不熟悉，加之成本高昂导致项目推进缓慢，最终效果远低于预期。进一步分析发现，A 县在数字化技能型人才的培养与引进上存在明显短板。一方面，当地教育资源有限，职业培训多集中于传统农业技能，缺乏针对数字经济的专业培训课程，导致本地人才难以适应新兴产业发展需求。另一方面，由于经济发展水平相对较低，生活配套设施不完善，A 县在吸引外部数字化技能型人才方面缺乏竞争力，即便有政策扶持，也难以长期留住人才。此案例凸显了乡村地区在推进数字经济过程中面临的数字化技能型人才短缺问题。要摆脱这一困境，不仅需要加大对本地人才的培养力度，构建完善的数字化技能培训体系，还需要优化人才引进政策，改善乡村生活环境，提升对外部人才的吸引力，形成人才聚集效应，为乡村数字经济高质量发展提供坚实的人才支撑。

（四）解决路径与对策建议

针对乡村数字化技能型人才比较欠缺的问题，需采取多维度策略加以解决。首先，应加强人才培养，通过加大教育资源投入，特别是在乡村地区增设与数字经济相关的专业课程，构建从基础教育到职业教育的完整培养体系；建立多元化培训体系，结合线上与线下资源，为乡村居民提供灵活多样的学习机会，提升其数字化技能水平。其次，优化引进机制是吸引外部人才的关键。政府应出台更具吸引力的优惠政策，如税收减免、住房补贴、科研经费支持等，降低数字化技能型人才的生活与工作成本；改善乡村基础设施与公共服务，提升生活环境质量，营造宜居宜业的发展氛围，以增强对外部人才的吸引力。再者，提升人才待遇与发展机会是留住人才的重要保障。企业应建立合理的薪酬体系与晋升机制，确保数字化技能型人才获得与其贡献相匹配的回报；提供广阔的职业发展空间与持续的学习机会，激发人才的创新活力与职业忠诚度。最后，加强校企合作与产教融合是推动人才培养与应用的有效途径。鼓励企业与教育机构深度合作，共同制定人才培养方案，实现课程内容与岗位需求的无缝对接。通过实习实训、项目合作等方式，让学生在实践中掌握技能，促进理论知识向实际生产力的转化，为乡村数字经济高质量发展提供有力的人才支撑。

三、乡村数字化应用水平滞后

数字化应用在乡村振兴中扮演着至关重要的角色，它是推动乡村经济社会全面转型的重要引擎。数字化应用可以提升农业生产效率，优化农村资源配置，促进乡村产业升级，拓宽农民增收渠道，进而实现乡村经济的可持续发展。然而，当前我们面临的一个主要困境就是乡村数字化应用水平的滞后。

这一现状限制了数字技术在乡村振兴中的潜力释放，影响了乡村经济社会发展的整体进程。因此，提升乡村数字化应用水平已成为当下的紧迫任务。只有加快数字化应用在乡村的推广与普及，我们才能充分发挥数字技术在乡村振兴中的引领作用，推动乡村经济社会实现全面振兴。

（一）乡村数字化应用现状

乡村地区的数字化应用水平相较于城市地区显著滞后，这主要体现在普及率、应用深度，以及与产业融合度三个方面。首先，从普及率来看，据最新数据显示，乡村地区数字化应用的普及率仅为城市地区的约 60%，这一差距直观反映了乡村居民在享受数字化服务方面的不足。这种普及率低下的现状，不仅限制了乡村居民获取信息的渠道，影响了其生活质量的提升，还制约了农业生产效率的提高，使得乡村经济发展难以搭上数字化的快车。其次，乡村地区在数字化应用方面的深度和广度亦存在问题。许多乡村企业和农户虽然已初步接触并使用了一些数字化工具，但往往仅停留在表面，如简单的信息查询、社交媒体使用等，未能深入挖掘数字化应用在生产管理、市场营销、供应链优化等方面的潜力。这种应用深度不足，不仅限制了乡村数字经济的多元化发展，也阻碍了乡村创新能力的提升，使得乡村在数字经济时代的竞争中处于不利地位。最后，数字化应用与乡村产业的融合度低也是制约乡村高质量发展的重要因素。尽管近年来国家大力推动数字乡村建设，但乡村地区数字化应用与农业、乡村工业等传统产业的融合仍显不足。数字化技术未能充分渗透到产业链的各个环节，导致资源配置效率不高，产业升级动力不足。融合度低不仅影响了乡村产业的转型升级，也限制了乡村经济的高质量发展路径，使得乡村在追求现代化的道路上步履维艰。

（二）乡村数字化应用推广与障碍

在推进乡村数字化应用的过程中，面临着诸多挑战与障碍，这些因素共同制约了应用的普及与深入发展。首先，推广难度大是显而易见的。乡村居民对于新兴数字化技术的接受度普遍较低，受传统观念和生活习惯的影响，他们往往对新技术持观望或抵触态度；乡村地区的基础设施建设相对滞后，网络覆盖不全、信号不稳定等问题频发，严重限制了数字化应用的顺畅运行。这些因素共同加大了推广难度，使得数字化应用难以在乡村地区快速普及，更难以深入居民生产生活的各个方面。其次，障碍因素众多且复杂。资金短缺是制约乡村数字化应用推广的首要难题。乡村经济发展相对落后，地方政府和企业在资金投入上往往捉襟见肘，难以支撑大规模的基础设施建设和应用推广。技术瓶颈也是不可忽视的问题，乡村地区缺乏专业的技术支持团队，难以解决应用过程中遇到的各种技术问题。同时，数字化技能型人才的匮乏，使得乡村地区在应用创新、系统维护等方面力不从心。这些障碍因素相互交织，严重影响了乡村数字化应用的整体水平和质量，使得乡村在数字经济时代的竞争中更加边缘化。

（三）具体案例与问题分析

以 B 镇为例，该镇在推进乡村数字化应用过程中遭遇了显著的滞后问题。B 镇曾尝试引入智慧农业系统，旨在通过物联网技术提升农业生产效率。然而，实际应用中，该系统的普及率极低，仅有少数几家大型农场采用了该系统，而绝大多数散户农民仍然沿用传统耕作方式。深入分析发现，一方面，农民对新技术的接受度不高，他们担心技术门槛过高，自己难以掌握；另一方面，乡村网络基础设施不完善，信号不稳定，导致智慧农业系统在实际应用中频繁出现故障，影响了农民的使用体验。此外，B 镇在数字化应用推广过程中还面临资金、技术和人才等多重障碍。由于财政资金有限，无法为所有农户提供智慧农业系统的安装和维护费用；同时，当地缺乏专业的技术支持团队，一旦系统出现问题，难以及时得到解决；更关键的是，数字化技能型人才短缺，使得智慧农业系统的推广和应用缺乏持续的动力。这一案例揭示了乡村数字化应用水平滞后的深层次原因。要提升乡村数字化应用水平，不仅需要加强基础设施建设，提高居民对新技术的接受度，还需要加大资金投入，引进和培养专业人才，形成多方协同推进的良好局面。只有这样，才能真正发挥数字化技术在乡村振兴中的重要作用。

（四）解决路径与对策建议

为有效解决乡村数字化应用水平滞后的问题，需从多个维度出发，采取综合措施。首先，应加大推广力度，通过多渠道、多形式的宣传活动，提高乡村居民对数字化应用的认知与接受度；建立数字化应用示范点，展示成功案例与显著成效，激发乡村地区应用数字技术的积极性与主动性。其次，需着力突破障碍因素。针对资金短缺问题，政府应加大财政投入，设立专项基金支持乡村数字化基础设施建设与应用推广，同时鼓励社会资本参与，形成多元化投资格局。在技术方面，积极引进国内外先进技术，加强本土化改造与适配，降低技术门槛与成本。人才培养方面，建立健全数字化技能型人才培养体系，加强与高校、职业院校的合作，为乡村地区输送专业人才。再者，促进产业融合与创新是提升乡村数字化应用水平的关键。应推动农业数字化转型，利用大数据、物联网等技术优化农业生产流程，提高生产效率与质量，还应发展乡村数字经济新业态，如农村电商、智慧旅游、远程教育等，拓宽农民增收渠道，促进乡村经济多元化发展。最后，加强政策引导与支持至关重要。政府应制定科学合理的乡村数字化发展规划，明确发展目标与路径。出台一系列优惠政策与激励措施，为乡村数字化应用推广提供有力保障，同时也要建立健全监管机制，确保政策有效落地实施，为乡村数字经济高质量发展保驾护航。

四、乡村数字化建设动力不充足

乡村数字化建设在推动乡村振兴中扮演着关键角色，它是实现乡村经济社会全面转型和高质量发展的重要途径。通过数字化建设，可以赋能农业生产，提升农村公共服务水平，促进乡村文化繁荣，进而构建宜居宜业的和美乡村。然而，当前我们面临的一个主要问题就是乡村数字化建设动力不充足。这一现状制约了数字技术在乡村振兴中的深入应用，影响了乡村数字化建设的整体进程和效果。由于缺乏足够的动力和激励机制，乡村数字化建设往往难以持续推进，导致数字技术在乡村的普及程度和应用水平相对较低。因此，激发乡村数字化建设的动力已成为当下的紧迫任务。只有充分调动各方积极性，形成合力，我们才能推动乡村数字化建设不断向前发展，为乡村振兴注入强劲动力。

（一）乡村数字化建设动力的现状分析

当前，乡村数字化建设动力不充足的问题日益凸显，主要体现在政府推动力、社会参与度和乡村居民积极性三个方面。首先，政府在乡村数字化建设上的投入相对较低，尽管近年来出台了一系列相关政策，但数量与实际需求相比仍显不足。这种政府推动力的不足，直接影响了乡村数字化建设的进度和质量，导致基础设施建设滞后，技术应用推广缓慢。其次，社会力量参与乡村数字化建设的比例和投资规模均有限，企业和社会组织由于投资回报预期不明朗、政策环境不稳定等因素，对乡村数字化项目的兴趣不高，进一步削弱了建设动力。最后，乡村居民对数字化建设的认知程度普遍较低，参与意愿不强，他们往往更关注眼前的生活改善，而对长期的数字化建设带来的变革认识不足，这种积极性不高成为乡村数字化建设持续推进的一大障碍。因此，增强政府推动力、提升社会参与度、激发乡村居民积极性，成为推动乡村数字化建设亟待解决的问题。

（二）乡村数字化建设动力不足的深层原因

乡村数字化建设动力不足的问题背后，深层次的原因主要集中在体制机制障碍、资金投入不足及人才和技术短缺三个方面。首先，体制机制方面的障碍尤为突出，政策执行不力导致政策红利未能充分释放，资源配置不均则进一步加剧了区域间数字化建设的不平衡。据不完全统计，仅有约30%的乡村地区能够完全享受到现有政策带来的支持，而资源分配中，大型项目往往占据绝对优势，小型社区和偏远地区的投入相对匮乏。这些体制机制上的障碍严重削弱了乡村数字化建设的整体动力。其次，资金投入不足是制约建设进度的关键因素。乡村数字化建设面临巨大的资金缺口，据估算，每年资金缺口高达数百亿元，且投资来源结构单一，主要依赖政府财政拨款，社会资本参与有限。资金投入的不足，直接导致基础设施建设滞后，技术应用难以广泛推广，严重影响了乡村数字化建设的进度和质量。最后，人才与技术短缺问题同样不容忽视。乡村地区普遍面临数字化专业人才匮乏的困境，现有技术人员的技术水平也往往滞后于行业发展。据调查，乡村数字化技术人员的平均从业年限超过5年，但近半数人员未接受过系统的专业培训。这种人才与技术上的短缺，不仅限制了数字化技术在乡村的创新应用，也极大地制约了乡村数字化建设的内生动力，使得乡村在数字化转型的道路上步履维艰。

（三）具体案例与问题分析

以C县为例，该县在推进乡村数字化建设的过程中，动力不充足的问题表现得尤为明显。C县地处偏远，经济基础薄弱，政府在乡村数字化建设上的投入相对有限，仅占全县财政支出比例的5%，远低于全国平均水平。这种投入比例的不足，直接导致了基础设施建设的滞后，如网络覆盖率低、数据传输速度慢等问题频发，严重制约了数字化技术在乡村的普及与应用。政策执行方面，尽管C县出台了一系列支持乡村数字化建设的政策措施，但在实际执行过程中，往往由于部门间协调不畅、监督机制不完善等原因，导致政策效果大打折扣，未能有效激发建设动力。社会力量的参与度同样令人担忧。C县在吸引企业和社会组织参与乡村数字化建设方面成效不佳，投资规模较小，且多集中在短期见效快的项目上，缺乏长期稳定的投入机制。企业和社会组织对C县的投资回报预期普遍偏低，加之政策环境的不确定性，使其对乡村数字化建设的兴趣不高，进一步加剧了建设动力的不足。乡村居民的积极性也是制约因素之一。在C县，由于教育水平相对较低，居民对数字化建设的认知程度有限，他们往往难以理解数字化技术带来的长远利益，参与意愿不强。即便部分居民有参与意愿，也往往因为缺乏必要的技能和知识，难以有效参与到数字化建设中。居民积极性不高，不仅影响了数字化技术的推广与应用，也削弱了乡村数字化建设的内生动力。深入分析C县案例，不难发现，乡村数字化建设动力不充足的问题并非孤立存在，而是体制机制障碍、资金投入不足、人才与技术短缺等多重因素交织作用的结果。要摆脱这一困境，需要从政府、社会、居民等多个层面入手，形成合力，共同推动乡村数字化建设的深入发展。政府应加大投入力度，优化政策环境，强化执行监督；社会力量应积极参与，发挥自身优势，为乡村数字化建设贡献力量；乡村居民则应提升自身素质，增强参与意识，共同推动乡村数字化转型的进程。

（四）解决路径与对策建议

面对乡村数字化建设动力不充足的问题，需要从多个维度出发，制定切实可行的解决路径与对策建议。首先，政府应发挥主导作用，加大投入力度并优化资源配置。政府应设立专项基金，用于支持乡村数字化基础设施建设、技术研发与人才培养等关键领域的发展，确保资金的有效利用；优化政策环境，简化审批流程，降低市场准入门槛，吸引更多社会资本参与乡村数字化建设；政府还应加强部门间协调，形成工作合力，确保政策的有效执行与监督，避免政策空转和资源浪费。其次，激发社会力量的参与热情，形成多元化参与格局。鼓励企业、社会组织等市场主体积极参与乡村数字化建设，通过政府购买服务、PPP模式等多种方式，引导社会资本投入；建立健全利益共享机制，保障参与主体的合法权益，提高其参与的积极性和可持续性；加强宣传推广，展示乡村数字化建设的成功案例与显著成效，增强社会力量的信心与期待。然后，提升乡村居民数字化素养与参与能力，激发其内生动力。通过教育培训、示范引领等多种方式，提高乡村居民对数字化技术的认知程度与应用能力。开展形式多样的数字化技能培训活动，帮助居民掌握必要的数字技能与知识；加强数字化应用示范点建设，展示数字化技术在农业生产、农村治理、公共服务等领域的广泛应用与显著成效，激发居民参与数字化建设的积极性与主动性。最后，加强人才队伍建设与技术创新，为乡村数字化建设提供有力支撑。建立健全乡村数字化人才培养体系，加强与高校、职业院校的合作与交流，培养一批懂技术、会管理、善经营的复合型人才；鼓励企业加大研发投入，推动技术创新与产业升级，为乡村数字化建设提供先进适用的技术与产品；建立健全技术服务体系，为乡村居民和企业提供便捷高效的技术咨询与支持服务，确保其能够顺利应用数字化技术推动生产生活方式变革。

解决乡村数字化建设动力不充足的问题需要政府、社会、居民等多方共同努力。通过加大投入力度、激发社会参与、提升居民素养、加强人才队伍建设与技术创新等综合措施的实施，我们有信心推动乡村数字化建设迈上新台阶，为乡村振兴注入强劲动力。

第二节　数字经济助推乡村振兴高质量发展面临困境的成因

一、乡村地区吸引力相对薄弱

数字经济在乡村振兴中扮演着举足轻重的角色，它以其独特的魅力和无限的潜力，为乡村的全面发展注入了新的活力。数字技术的应用，可以推动农业生产方式的智能化、精细化，提高农产品的附加值和市场竞争力，进而促进农民增收和农村经济的繁荣。同时，数字经济还能助力乡村社会治理的创新，提升公共服务水平，让乡村居民享受到更加便捷、高效的生活服务。然而，乡村地区吸引力薄弱却成为制约数字经济助推乡村振兴高质量发展的关键因素之一。由于乡村地区在基础设施、公共服务、生活环境等方面与城市存在较大差距，导致人才、资金等要素难以向乡村流动，进而影响了数字技术在乡村的广泛应用和深入推进。因此，增强乡村地区的吸引力，成为当前推动乡村振兴和数字经济发展的重要任务。

（一）乡村地区经济吸引力不足

乡村地区在吸引人才、资金以及推动数字经济高质量发展方面所面临的挑战，深刻体现在其经济吸引力的薄弱上。从收入水平的角度来看，根据国家统计局的最新数据，2022年农村居民人均可支配收入为20133元，而同期城镇居民人均可支配收入为49283元，乡村居民收入仅为城镇居民的40%左右。这一显著的收入差距直接影响了乡村地区对高素质人才和投资者的吸引力，因为较低的收入水平难以支撑高技能人才的生活成本，也难以提供足够的激励让他们选择在乡村地区发展，从而限制了数字技术在乡村的推广和应用。

乡村地区的产业结构单一问题也尤为突出。以农业为主的传统产业结构占据了乡村经济的绝大部分，缺乏多元化和创新性产业。根据中国农业农村部发布的数据，农业增加值在乡村经济中的比重仍然高达50%以上，而新兴产业如信息技术、电子商务等在乡村经济中的贡献率相对较低。这种产业结构不仅导致经济增长点有限，难以形成规模效应和集群效应，还限制了乡村经济的活力和可持续发展能力。在数字经济时代，单一的传统农业难以与新兴的数字化技术有效融合，数字经济在此背景下的应用和推广也因此受到限制。

乡村地区的经济增长潜力也面临诸多制约因素。由于资源限制、市场狭小等原因，乡村地区的经济增长空间相对有限。例如，许多乡村地区面临着土地资源紧张、水资源短缺等问题，难以支撑大规模的经济扩张。同时，乡村市场的消费能力相对较弱，对商品和服务的需求有限，这也限制了投资者在乡村地区的投资意愿。根据中国乡村发展基金会的研究报告，乡村地区的投资回报率普遍低于城市地区，这使得投资者在权衡利弊时更倾向于选择城市而非乡村。这种经济增长潜力的限制，进一步降低了乡村对投资者和创业者的吸引力，阻碍了数字经济在乡村地区的发展。

综上所述，乡村地区经济吸引力的薄弱主要体现在收入水平偏低、产业结构单一及经济增长潜力有限等方面。要推动乡村数字经济的高质量发展，必须正视这些问题并采取有效措施加以解决，以提升乡村地区的整体吸引力和竞争力。

（二）乡村地区社会基础设施落后

乡村地区社会基础设施的落后，是制约其吸引力和数字经济发展的重要因素之一。第一，交通不便成为乡村发展的一大瓶颈。据交通运输部统计，尽管近年来乡村道路建设取得了显著成就，但仍有约20%的行政村未通硬化路，且已建成道路中，部分路段因年久失修、维护不足，导致路面破损严重，通行条件恶劣。公共交通服务更是稀缺，许多乡村地区缺乏稳定的公交线路，居民出行主要依赖私家车或摩托车，这不仅增加了生活成本，也加剧了出行难度，特别是对于老人、儿童等弱势群体而言，更是极为不便。交通的不便直接降低了乡村的居住和创业吸引力，使得人才和资金难以流向乡村。第二，教育与医疗资源的匮乏也是乡村地区面临的一大挑战。数据显示，乡村地区学校数量虽多，但师资力量薄弱，教学设施落后，优质教育资源稀缺，导致乡村学生接受高质量教育的机会有限，进而影响了乡村人口素质的整体提升。同时，乡村医院和诊所的数量严重不足，医疗设备落后，医护人员匮乏，难以满足乡村居民的基本医疗需求。教育与医疗资源的匮乏，不仅影响了乡村居民的生活质量和健康水平，也削弱了乡村的整体吸引力，使得乡村在人才竞争中处于不利地位。第三，信息基础设施的薄弱也是制约乡村数字经济发展的关键因素。根据中国互联网络信息中心的数据，截至2022年底，乡村地区互联网普及率虽有所提高，但仍远低于城市地区，且存在显著的数字鸿沟。乡村地区的宽带网络覆盖率低，网络速度慢，移动通信信号不稳定，这些问题严重限制了数字经济的推广和应用。在信息时代，信息基础设施的薄弱意味着乡村地区难以享受到互联网带来的便利和机遇，无法有效参与数字经济竞争，进而降低了乡村的信息化水平和吸引力。

乡村地区社会基础设施的落后，包括交通不便、教育与医疗资源匮乏、信息基础设施薄弱等方面，共同制约了乡村的吸引力和数字经济的发展。要提升乡村的整体吸引力，推动数字经济在乡村地区的普及和应用，必须加大对乡村社会基础设施的投入和建设力度，从根本上改善乡村地区的生产生活条件。

（三）乡村地区生活环境与文化的局限性

乡村地区的生活环境与文化现状，是评估其居住吸引力和文化魅力的重要维度。首先，生活环境质量差是乡村地区普遍面临的问题。许多乡村地区由于基础设施投入不足，导致环境卫生状况堪忧，垃圾处理不当、污水处理设施缺乏，加之部分居民环保意识薄弱，使得乡村环境脏乱差现象较为普遍。此外，公共设施如供水、供电、供暖等也存在不足，影响了乡村居民的基本生活需求满足度。这种生活环境质量差不仅直接降低了乡村居民的生活品质和幸福感，也间接削弱了乡村的居住吸引力，使得人才外流现象加剧，进一步制约了乡村的发展。其次，文化娱乐设施的缺乏是限制乡村居民精神文化生活的重要因素。据相关数据统计，乡村地区的文化、体育、娱乐等设施数量有限，且分布不均，难以满足居民日益增长的文化娱乐需求。许多乡村缺乏图书馆、文化活动中心、体育场馆等公共文化设施，居民的文化娱乐活动主要依赖于传统节日和民间习俗，形式单一且缺乏创新性。这种文化娱乐设施的缺乏，不仅限制了乡村居民精神文化生活的丰富性和多样性，也影响了乡村的文化氛围和活力，进而削弱了乡村的综合吸引力。最后，随着现代化进程的加速推进，乡土文化认同度呈现下降趋势。传统乡土文化作为乡村的灵魂和根基，承载着乡村的历史记忆和文化特色。然而，在现代化浪潮的冲击下，许多乡土文化元素逐渐淡出人们的视野，被外来文化和现代生活方式所取代。这种乡土文化认同度的下降，不仅削弱了乡村的文化底蕴和特色，也影响了乡村居民的文化自信和文化自觉。缺乏独特的文化标识和内涵使得乡村在全球化竞争中难以脱颖而出，降低了乡村的文化吸引力。

乡村地区生活环境与文化的局限性是制约其吸引力和发展的重要因素，要提升乡村的居住吸引力和文化魅力，必须加大对乡村生活环境的改善力度，提升公共设施建设水平。同时，加强文化娱乐设施建设，丰富居民精神文化生活；更重要的是，要保护和传承乡土文化，提升乡土文化认同度，让乡村在现代化进程中保持独特的文化特色和魅力。

（四）政策与制度层面的障碍

在推动乡村振兴与数字经济发展的进程中，政策与制度层面的障碍成为不可忽视的挑战。从政策扶持力度来看，尽管近年来国家和地方政府出台了一系列旨在促进乡村振兴和数字经济发展的政策措施，但实际执行过程中仍存在扶持力度不足的问题。这些政策往往侧重于宏观指导和方向性引领，缺乏具体的实施细则和配套措施，导致政策难以有效落地。同时，政策扶持的覆盖面不够广泛，部分偏远或经济薄弱的乡村地区难以享受到政策红利，进一步加剧了区域间的发展不平衡。政策扶持力度的不足，不仅影响了乡村地区的发展动力，也削弱了其对人才、资金等要素的吸引力，制约了数字经济的深入推广。制度环境的不完善是制约乡村地区发展潜力与吸引力的另一重要因素。乡村地区的土地、户籍、教育、医疗等制度环境存在诸多问题，严重限制了其发展潜力。在土地制度方面，土地流转不畅、用地指标紧张等问题限制了乡村产业的规模化、集约化发展；在户籍制度方面，城乡二元结构依然存在，导致乡村居民在享受公共服务方面与城市居民存在差距；教育和医疗制度方面，资源分配不均、服务质量不高等问题影响了乡村居民的生活品质和幸福感。这些制度环境的不完善，不仅增加了乡村地区的发展成本，也降低了其对外来投资的吸引力，阻碍了数字经济在乡村地区的深入推广。此外，制度环境的不完善还体现在监管机制的缺失上。数字经济作为新兴产业，其发展速度迅猛，但同时也伴随着数据安全、隐私保护等问题。然而，当前乡村地区在数字经济监管方面存在空白，缺乏有效的监管机制和手段，难以保障数字经济的健康有序发展。这种监管机制的缺失，不仅增加了数字经济在乡村地区发展的不确定性，也降低了投资者和创业者的信心，进一步阻碍了数字经济的深入推广。

政策与制度层面的障碍是制约乡村地区发展动力和吸引力的关键因素。要破解这一难题，需要政府加大政策扶持力度，制定更具针对性和可操作性的政策措施；完善乡村地区的制度环境，推动土地、户籍、教育、医疗等制度改革创新；同时，加强数字经济监管机制建设，保障数字经济的健康有序发展。只有这样，才能为乡村振兴与数字经济发展注入强劲动力，推动乡村地区实现高质量发展。

（五）提升乡村地区吸引力的对策与建议

针对乡村地区吸引力薄弱的现状，需要从多个维度出发，采取综合措施以提升其整体吸引力，进而推动乡村振兴与数字经济的发展。首先，提高经济发展水平是根本之策。乡村地区应立足自身资源禀赋，优化产业结构，促进产业升级，逐步摆脱对传统农业的过度依赖。通过引进现代农业技术，发展高效农业、绿色农业和特色农业，提高农业生产效率和附加值；积极培育新兴产业，如乡村旅游、农村电商、数字农业等，为乡村经济注入新的活力。这些措施不仅有助于提升乡村地区的经济实力，还能创造更多就业机会，吸引人才回流。其次，完善社会基础设施是提升乡村吸引力的重要保障。政府应加大对乡村地区交通、教育、医疗等基础设施的投入力度，提升服务质量，缩小城乡差距。在交通方面，加强乡村道路建设，提高公共交通覆盖率，改善出行条件；在教育方面，优化教育资源配置，提高乡村学校教学质量，培养更多高素质人才；在医疗方面，加强乡村医疗设施建设，提高医疗服务水平，保障居民健康。完善的基础设施不仅能提升乡村居民的生活品质，还能增强外来投资者和创业者的信心。再次，改善生活环境与文化氛围是提升乡村吸引力的重要途径。乡村地区应加强环境治理，保护生态环境，打造宜居宜业的美丽乡村；建设文化娱乐设施，丰富居民精神文化生活，提升乡村文化软实力；深入挖掘和弘扬乡土文化，传承乡村文脉，增强乡村居民的文化认同感和自豪感。一个环境优美、文化繁荣的乡村，自然能吸引更多人的关注和向往。最后，加强政策与制度支持是提升乡村吸引力的关键所在。政府应制定更加优惠的扶持政策，如税收优惠、财政补贴、金融支持等，降低乡村地区的发展成本，吸引更多社会资本投入；完善相关制度环境，如土地制度、户籍制度、教育医疗制度等，为乡村发展提供有力保障；建立健全监管机制，保障政策的有效执行和市场的公平竞争，为乡村地区的可持续发展保驾护航。

提升乡村地区吸引力需要从提高经济发展水平、完善社会基础设施、改善生活环境与文化氛围、加强政策与制度支持等多个方面入手。只有形成多方合力，才能有效提升乡村地区的整体吸引力，推动乡村振兴与数字经济的协同发展。

二、乡村基层组织引领功能欠佳

乡村基层组织作为乡村振兴的前沿阵地和关键力量，承担着引领乡村发展、推动乡村振兴的重要职责。基层组织能够深入了解乡村实际情况，紧密联系乡村居民，是落实乡村振兴政策、推动乡村经济社会发展的重要桥梁和纽带。然而，当前乡村基层组织在发挥引领作用方面有所欠缺，成为制约数字经济助推乡村振兴高质量发展的重要因素。一些乡村基层组织在推动数字经济发展方面缺乏足够的认识和能力，无法有效引领乡村居民抓住数字经济带来的机遇，导致数字技术在乡村的应用和推广受到限制。因此，加强乡村基层组织的建设，提升其引领功能，成为当前推动乡村振兴和数字经济发展的紧迫任务。只有让乡村基层组织真正发挥引领作用，才能充分激发乡村发展活力，实现乡村振兴的高质量发展。

（一）乡村基层组织现状分析

乡村基层组织作为乡村振兴的前沿阵地和关键力量，其现状直接关系到乡村经济社会发展的成效。然而，当前乡村基层组织在多个方面存在明显不足，严重制约了其在推动数字经济与乡村振兴融合发展中发挥的引领功能。

首先，组织建设薄弱是乡村基层组织面临的首要问题。据统计，我国乡村地区平均每万人口拥有的基层组织数量远低于城市地区，且组织结构松散，缺乏系统的管理体系。在人员配置上，乡村基层组织的成员普遍年龄偏大、学历偏低，具备现代管理知识和数字技能的人才更是凤毛麟角。这种组织建设的薄弱状况，直接影响了乡村基层组织的凝聚力和战斗力，使其在面对复杂多变的乡村发展环境时难以形成有效合力，进而削弱了其在推动数字经济发展中发挥的引领作用。其次，领导力不足是乡村基层组织发展的另一大障碍。乡村基层组织的领导班子往往由当地村民担任，他们虽然对乡村情况较为了解，但在能力水平和工作作风上却存在明显短板。部分领导干部缺乏前瞻性的战略眼光和创新思维，难以把握数字经济发展的趋势和机遇；一些领导干部工作作风不实，存在形式主义、官僚主义等问题，导致政策执行不力，项目落地困难。领导力的不足，使得乡村基层组织在推动数字经济发展中缺乏明确的方向和强大的动力，难以有效激发乡村发展的内在活力。最后，资源配置不合理也是制约乡村基层组织作用发挥的重要因素。乡村地区经济基础薄弱，资金、技术、人才等资源相对匮乏。然而，在有限的资源条件下，乡村基层组织的资源配置却往往不尽合理。一方面，部分乡村基层组织在资金分配上缺乏科学规划，导致重点项目难以获得充足支持；另一方面，技术和人才资源的引进和培养也严重不足，难以满足数字经济发展的需求。资源配置的不合理，不仅限制了乡村基层组织在数字经济助推乡村振兴中的作用发挥，也加剧了乡村地区的发展不平衡问题。

乡村基层组织的现状分析表明，其在组织建设、领导力和资源配置等方面均存在明显不足。这些问题相互交织、相互影响，共同制约了乡村基层组织在推动数字经济与乡村振兴融合发展中的引领功能。因此，加强乡村基层组织建设、提升领导力水平和优化资源配置成为当前亟待解决的问题。

（二）乡村基层组织引领功能欠佳的具体表现

乡村基层组织在引领乡村振兴与数字经济发展过程中，其功能的发挥直接关乎政策落实、产业发展和社会治理的成效。然而，当前乡村基层组织引领功能欠佳的现象较为普遍，具体表现在以下几个方面。

首先，政策传达与执行不力是乡村基层组织面临的一大挑战。在政策传达环节，部分乡村基层组织存在信息传递不畅、解读不准确等问题，导致村民对数字经济政策的理解存在偏差，甚至产生误解。在执行过程中，由于资源有限、能力不足等原因，一些基层组织难以有效推进政策实施，政策执行往往流于形式，未能真正落地见效。以某县的智慧农业推广项目为例，尽管上级政府出台了详尽的政策扶持措施，但乡村基层组织在政策传达时未能充分解释清楚政策细节，加之执行过程中缺乏必要的技术指导和资金支持，最终导致项目进展缓慢，数字经济政策的预期效果大打折扣。其次，产业发展指导不足是限制乡村地区数字经济培育与壮大的重要因素。乡村基层组织在指导产业发展时，往往受限于自身知识水平和信息获取渠道，难以提供科学、有效的产业规划和发展建议。一些基层组织对数字经济的发展趋势认识不足，缺乏前瞻性的产业布局，导致乡村地区在数字经济领域的发展滞后。此外，乡村基层组织在资源整合和项目引进方面也存在不足，难以吸引外部优质资源进入乡村，进一步制约了数字经济的培育与壮大。数据显示，我国许多乡村地区在数字经济产业方面的投资规模远小于城市地区，且项目成功率较低，这与乡村基层组织在产业发展指导上的不足密切相关。最后，乡村基层组织的社会治理能力有限是影响乡村社会和谐稳定、制约数字经济发展的关键因素。乡村基层组织作为社会治理的主体之一，其能力和水平直接关系到乡村社会的稳定与发展。然而，当前部分乡村基层组织在社会治理方面存在能力不足的问题，难以有效应对乡村社会中的复杂矛盾和冲突。同时，在数字经济快速发展的背景下，乡村基层组织在网络安全、数据保护等方面的治理能力也亟待提升。一些乡村地区在推广数字农业过程中，由于基层组织在网络监管和数据保护方面的能力不足，导致农民个人信息泄露和网络安全事件频发，给数字经济的发展带来了负面影响。社会治理能力的有限不仅影响了乡村社会的和谐稳定，也制约了数字经济在乡村地区的健康发展。

（三）乡村基层组织引领功能欠佳的成因分析

乡村基层组织引领功能欠佳的根源深植于人才、经费及制度机制等多个层面，这些因素相互交织，共同制约了其在推动乡村振兴与数字经济发展中的发挥有效作用。

首先，人才短缺与素质不高是制约乡村基层组织引领功能发挥的关键因素。据相关数据统计，我国乡村基层组织人才队伍普遍存在数量不足、结构不合理、整体素质偏低的问题。一方面，乡村地区难以吸引和留住高素质人才，导致基层组织在决策、管理、创新等方面能力受限；另一方面，现有工作人员中，具备现代管理知识、数字技能及市场经济观念的人才匮乏，难以适应数字经济时代下的乡村发展需求。人才短缺与素质不高，直接削弱了乡村基层组织的决策科学性、执行高效性和服务创新性，进而影响了其在引领数字经济发展中的权威性和号召力。其次，经费保障不足是限制乡村基层组织推动数字经济发展的重要瓶颈。乡村基层组织的经费主要来源于上级拨款、自筹资金及社会捐赠等渠道，但整体而言，经费规模有限且稳定性差。在推动数字经济项目时，往往需要大量的前期投入和持续的资金支持，而经费保障不足使得许多项目难以启动或中途夭折。此外，经费使用和管理的不规范也加剧了经费紧张的局面，影响了资金的使用效率和项目的实施效果。经费保障问题使得乡村基层组织在推动数字经济发展中缺乏必要的物质基础和手段，难以有效整合资源、调动积极性和创造力。最后，制度机制不健全是影响乡村基层组织运作效率和引领功能的深层次原因。乡村基层组织相关的制度、机制和政策环境尚不完善，存在权责不明、监管不力、激励不足等问题。一方面，制度设计的滞后性导致基层组织在应对数字经济新挑战时缺乏明确的指导方向和操作规范；另一方面，机制运行的僵化性使得基层组织在资源配置、项目审批、绩效评价等方面难以灵活应对市场需求和村民期待。制度机制的不健全，不仅降低了乡村基层组织的运作效率和服务质量，也削弱了其在引领数字经济发展中的创新能力和应变能力。

人才短缺与素质不高、经费保障不足及制度机制不健全是乡村基层组织引领功能欠佳的主要成因。要提升乡村基层组织的引领功能，必须从根本上解决这些问题，加强人才队伍建设、加大经费投入力度、完善制度机制设计，为乡村基层组织在推动乡村振兴与数字经济发展中发挥有效作用提供坚实保障。

（四）提升乡村基层组织引领功能的对策与建议

有效提升乡村基层组织的引领功能，推动乡村振兴与数字经济的深度融合发展，需从组织建设、领导力提升、资源配置优化及制度机制完善四个方面入手，制定切实可行的对策与建议。

首先，加强组织建设是提升乡村基层组织引领功能的基础。应优化组织结构，明确职责分工，确保各项工作有序开展；注重提升人员素质，通过定期组织培训、引进专业人才等方式，提高乡村基层组织成员的知识水平、业务能力和数字技能；加强班子建设，选拔具备领导力、创新力和执行力的优秀人才担任领导职务，形成团结协作、高效运转的领导集体。这些措施将增强乡村基层组织的凝聚力和战斗力，为引领数字经济发展提供坚实的组织保障。其次，提升领导力是激发乡村基层组织活力的关键。应加强对乡村基层组织领导成员的培训教育，提高其政策理解力、市场洞察力和决策执行力；积极引进具有现代管理理念和数字技能的优秀人才，为乡村基层组织注入新鲜血液；完善激励机制，建立健全绩效考核体系，将工作实绩与薪酬待遇、职务晋升等挂钩，激发乡村基层组织成员的积极性和创造力。这些措施将提升乡村基层组织的领导力水平，为引领数字经济发展提供强大的动力源泉。再次，合理配置资源是保障乡村基层组织有效运作的重要条件。应加大资金投入力度，通过财政拨款、社会捐赠等多种渠道筹集资金，支持乡村基层组织开展数字经济项目；优化资源配置，根据乡村实际需求和项目特点，合理分配资金、技术和人才等资源，确保项目顺利实施；提高资源使用效率，建立健全监督机制，加强对资源使用的跟踪管理和绩效评估，确保资源得到有效利用。这些措施将增强乡村基层组织的资源保障能力，为引领数字经济发展提供坚实的物质基础。最后，完善制度机制是确保乡村基层组织持续健康发展的根本保障。应建立健全相关制度，明确乡村基层组织的职责权限、工作程序和监督机制等，为组织运作提供制度保障；完善政策环境，出台更多有利于乡村数字经济发展的政策措施，为乡村基层组织提供政策支持；加强监督考核，建立健全考核评价体系和问责机制，对乡村基层组织的工作实绩进行全面客观的评价和考核，确保各项政策措施得到有效落实。这些措施将提升乡村基层组织的制度保障水平，为引领数字经济发展提供有力的制度支撑。

三、乡村数字资源要素统筹不足

乡村数字资源要素在数字经济助推乡村振兴中扮演着至关重要的角色。它们是乡村数字经济发展的基石，包括乡村数据资源、数字技术、数字人才等，对于推动乡村生产方式变革、提升乡村治理水平、促进乡村文化繁荣等方面具有重要意义。然而，当前我们面临的一个关键困境就是乡村数字资源要素的统筹不足。这一现状制约了数字技术在乡村振兴中的潜力释放，影响了乡村数字经济的整体发展。由于缺乏有效的统筹机制，乡村数字资源要素往往难以得到合理配置和高效利用，导致数字技术在乡村的应用和推广受到限制。因此，加强乡村数字资源要素的统筹成为当下的紧迫任务。只有实现数字资源要素的有效统筹，我们才能充分发挥数字技术在乡村振兴中的引领作用，推动乡村数字经济实现高质量发展。

（一）乡村数字资源要素现状分析

在乡村地区，数字资源要素作为推动数字经济发展的关键驱动力，其现状却面临着诸多挑战，主要体现在数据资源分散、基础设施薄弱及技术应用滞后三个方面。首先，数据资源分散是乡村数字资源要素利用的一大障碍。乡村地区由于地域广阔、经济发展不均衡，各类数据资源往往分散于不同的部门、企业和农户中，缺乏统一的标准和平台进行整合。这种分散状态导致了严重的信息孤岛现象，不同数据源之间难以实现互联互通，数据的有效利用和价值挖掘受到极大限制。例如，农业生产数据、市场销售数据、气象数据等，本应相互支撑形成决策依据，却因分散存储而无法充分发挥其综合效应。这不仅影响了农业生产的精准化、智能化水平，也制约了乡村经济的整体发展。其次，基础设施薄弱是制约乡村数字资源要素流动和共享的关键因素。乡村地区的信息通信网络、数据中心等基础设施建设相对滞后，网络覆盖不全、带宽不足、稳定性差等问题普遍存在。这使得数字资源要素在乡村地区的传输和共享面临诸多困难，影响了数据的实时性、准确性和安全性；数据中心等关键设施的缺乏也限制了大规模数据处理和分析的能力，难以满足数字经济发展的需求。基础设施的薄弱不仅增加了乡村地区融入数字经济的难度，也削弱了其在数字经济时代的竞争力。最后，技术应用滞后是乡村数字资源要素高效整合和利用的瓶颈。尽管云计算、大数据、人工智能等新技术在城市地区已得到广泛应用，但在乡村地区却进展缓慢。一方面，乡村地区缺乏足够的技术人才和资金支持来推动新技术的研发和应用；另一方面，现有技术的应用也往往停留在表面层次，未能深入挖掘数字资源要素的潜在价值。技术应用的滞后不仅限制了数字资源要素的高效整合和利用，也制约了乡村地区在数字经济时代的创新发展。例如，智能农业、精准营销等新型业态在乡村地区难以推广普及，导致农业生产效率和市场响应速度无法得到有效提升。

（二）乡村数字资源要素统筹不足的具体表现

乡村数字资源要素的统筹不足，在信息共享、资源配置及人才技能方面尤为凸显。首先，信息共享机制不健全是制约数据资源整合的关键因素。当前，乡村地区信息共享平台的建设滞后，运行效率低下，导致不同部门、企业和个体间的数据资源难以有效流通与整合。这种机制上的缺陷，直接影响了决策的科学性和服务的高效性，使得乡村治理和产业发展缺乏强有力的数据支撑。其次，资源配置不合理进一步加剧了乡村数字经济发展的不均衡。在产业间，数字资源往往向少数优势产业倾斜，而传统农业等关键领域却难以获得足够支持；在区域间，发达乡村与偏远乡村之间的数字资源分配差异显著，拉大了发展差距；在群体间，不同社会阶层对数字资源的获取和利用能力也存在明显分化。这种资源配置的不合理，不仅限制了数字经济的均衡发展，也加剧了城乡之间的数字鸿沟。最后，人才与技能短缺成为制约数字资源要素有效利用和创新发展的瓶颈。乡村地区数字技术人才匮乏，现有队伍数量不足且质量参差不齐；乡村居民普遍缺乏数字技能和意识，难以适应数字经济时代的发展需求。这种人才与技能的双重短缺，直接影响了数字资源要素的高效利用和创新潜力的挖掘，使得乡村在数字经济浪潮中面临严峻挑战。

（三）乡村数字资源要素统筹不足的成因分析

乡村数字资源要素统筹不足的深层次原因在于体制机制障碍、资金投入不足以及意识与观念滞后。首先，体制机制障碍是制约统筹规划与协调管理的关键。乡村数字资源要素统筹涉及多个部门、行业与利益主体，但现有体制机制往往缺乏明确的统筹主体和协调机制，导致政策碎片化、执行不力。同时，政策环境的不完善也限制了数字资源要素的自由流动与优化配置，进一步加剧了统筹难度。其次，资金投入不足是制约基础设施建设和技术应用推广的重要因素。乡村地区经济发展相对滞后，财政自给能力不足，难以支撑大规模的数字化改造和升级。加之社会资本对乡村数字资源要素统筹的投入意愿不高，使得资金来源单一且有限。资金投入的不足，直接限制了乡村地区信息通信网络、数据中心等基础设施的建设和技术创新的应用，影响了数字资源要素的统筹效果。最后，意识与观念滞后也是不可忽视的成因之一。乡村地区居民和政府对数字经济和数字资源要素的认知程度普遍较低，缺乏足够的紧迫感和前瞻性。这种意识与观念的滞后，不仅影响了数字资源要素的有效利用，也阻碍了创新发展氛围的营造。在缺乏足够认识和动力的情况下，乡村数字资源要素的统筹工作难以深入推进，数字经济的高质量发展更是无从谈起。

（四）提升乡村数字资源要素统筹能力的对策与建议

为有效提升乡村数字资源要素的统筹能力，需采取多维度、综合性的对策措施。首先，应建立健全信息共享机制，加强信息共享平台的建设和运行维护，制定统一的信息共享标准和规范，打破信息孤岛，促进数据资源的有效整合与流通。这将为乡村治理和产业发展提供强有力的数据支撑，提高决策的科学性和服务的高效性。其次，需优化资源配置，根据乡村地区的实际需求和发展潜力，合理配置数字资源要素。通过科学规划和精准施策，确保数字资源能够精准投放到关键领域和薄弱环节，推动乡村数字经济均衡发展，缩小城乡数字鸿沟；政府应发挥引导作用，通过财政拨款、税收优惠等方式吸引社会资本参与乡村数字资源要素统筹。鼓励企业和社会组织投资乡村数字基础设施建设和技术创新应用，形成多元化、可持续的资金投入机制。应加强数字技术人才的培养和引进工作，建立多层次、多渠道的人才培养体系。此外，增强乡村居民的数字技能和意识，通过教育培训、示范推广等方式普及数字知识，激发乡村数字经济的创新活力。最后，强化政策引导和支持作为保障。政府应制定和完善相关政策措施，为乡村数字资源要素统筹提供有力保障。明确发展目标、任务和责任分工，加强政策执行和监督评估工作，确保各项政策措施得到有效落实和持续推进。通过政策引导和支持，推动乡村数字资源要素的高效整合与利用，为乡村振兴注入强劲动力。

四、乡村数字化建设机制不健全

乡村数字化建设在数字经济助推乡村振兴中占据着核心地位，它是实现乡村全面振兴和高质量发展的关键路径。数字化建设可以赋能乡村产业，提升农业生产效率，促进农村经济发展；可以优化乡村治理，提升公共服务水平，增强乡村居民的幸福感和满意度。然而，当前面临的一个重要困境就是乡村数字化建设机制的不健全。这一现状制约了数字技术在乡村振兴中的深入应用，影响了乡村数字化建设的整体进程和成效。由于缺乏完善的建设机制，乡村数字化建设往往缺乏系统性和持续性，导致数字技术在乡村的普及程度和应用水平相对较低。因此，完善乡村数字化建设机制成为当下的紧迫任务。只有建立健全的建设机制，我们才能确保乡村数字化建设顺利推进，为乡村振兴注入强劲的数字动力。

（一）乡村数字化建设机制现状分析

当前，乡村数字化建设机制面临多重挑战，首要问题在于政策与规划的缺失与不完善。尽管政府已出台相关政策与规划，但在实际执行中，往往存在落地难、衔接不畅等问题，导致乡村数字化建设方向不明朗，各地步调不一，难以形成合力。这种政策与规划的缺失，直接制约了乡村数字化建设的系统性和可持续性发展。其次，协调与合作机制的不足也是一大瓶颈。在乡村数字化建设过程中，政府各部门、社会各主体之间缺乏有效的沟通与协作，导致资源整合效率低下，项目推进缓慢。同时，由于责任分工不明，易出现推诿扯皮现象，影响整体建设进度和效果。此外，缺乏统一的协调平台和信息共享机制，也限制了各方优势的充分发挥。最后，监管与评估体系的不健全同样不容忽视。一方面，当前乡村数字化建设的监管机制和评估体系尚不完善，难以对建设过程进行全面、有效的监督和管理。这导致建设质量参差不齐，部分项目存在形式主义、走过场等问题，难以真正发挥数字化建设的实际效益。另一方面，由于缺乏科学的评估体系，问题难以及时发现并解决，影响了乡村数字化建设的持续改进和优化。

（二）乡村数字化建设机制不健全的具体表现

在乡村数字化建设的实践中，机制不健全的问题日益凸显，其具体表现可从项目推进缓慢、资源浪费与重复建设、效果不达预期三个方面进行深入分析。首先，项目推进缓慢是乡村数字化建设机制不健全的直接体现。以某县的智慧农业项目为例，该项目自启动以来，虽经多方努力，但进展始终不尽如人意。项目推进过程中，遇到了资金不到位、技术难题待解、部门协调不畅等多重障碍。资金方面，由于融资渠道有限且审批流程烦琐，导致项目资金迟迟不能到位；技术方面，乡村地区缺乏专业的技术人才，对新兴技术的消化吸收能力较弱；协调方面，涉及农业、科技、财政等多个部门，但各部门间缺乏有效的沟通协作机制，导致项目推进过程中频繁出现推诿扯皮现象。这些障碍的存在，严重制约了项目的推进速度，进而影响了乡村数字化进程的整体推进和效果实现。其次，资源浪费与重复建设是乡村数字化建设机制不健全的又一显著问题。由于缺乏统一的规划和协调，不同部门、不同项目间往往各自为政，导致资源无法得到有效整合和利用。以乡村信息通信网络建设为例，部分区域由于规划不当，存在多家运营商重复建设的现象，不仅浪费了宝贵的资金和资源，还造成了网络资源的闲置和浪费。此外，一些数字化基础设施建成后，由于后续维护和管理不到位，很快便陷入闲置状态，未能充分发挥其应有的作用。这些资源浪费与重复建设的现象频发，不仅增加了乡村数字化建设的成本负担，也削弱了其实际效果和可持续性。最后，效果不达预期是乡村数字化建设机制不健全的必然结果。对已完成的乡村数字化建设项目进行效果评估发现，许多项目并未达到预期的目标和效果。一方面，由于项目设计之初缺乏深入的市场调研和需求分析，导致项目与实际需求脱节；另一方面，项目实施过程中缺乏有效的监管和评估机制，难以及时发现和解决问题。这些问题的存在，使得乡村数字化建设项目在完成后难以发挥其应有的效益和作用，进而制约了乡村振兴高质量发展的进程。效果不达预期不仅反映了乡村数字化建设机制的不健全，也揭示了其在推动乡村振兴过程中所面临的严峻挑战和困境。

（三）乡村数字化建设机制不健全的成因分析

乡村数字化建设机制不健全的根源，深植于顶层设计、利益协调、技术与人才支撑等多个层面，这些因素相互交织，共同制约了乡村数字化建设的有效推进。

首先，顶层设计不足是国家层面在乡村数字化建设上面临的首要问题。国家虽然对乡村振兴和数字化建设给予了高度重视，但在具体实施过程中，顶层设计的不足与缺失显得尤为突出。缺乏全面、系统、前瞻性的规划和指导，导致政策导向不明，使各地在推进乡村数字化建设时往往缺乏统一的标准和路径，容易陷入盲目跟风和重复建设的误区。顶层设计的不足还体现在政策之间的衔接性和协同性不足，不同部门、不同政策之间往往存在矛盾和冲突，难以形成合力，进一步削弱了乡村数字化建设的整体效果。其次，利益协调困难是制约乡村数字化建设机制健全的另一大障碍。在乡村数字化建设过程中，政府各部门、社会各主体之间存在着复杂的利益关系和诉求差异。政府各部门往往从各自职能出发，制定和实施相关政策，缺乏全局观念和协同意识；而社会各主体则更多地关注自身经济利益和短期效益，难以与乡村数字化建设的长远目标相契合。这种利益诉求的多样性和冲突性，使得在建立合作机制时面临诸多困难。缺乏有效的利益协调机制，难以平衡各方利益诉求，导致合作难以深入持久，进而影响乡村数字化建设的整体推进。最后，技术与人才支撑不足是限制乡村数字化建设机制创新与完善的关键因素。乡村地区在数字化技术和专业人才方面普遍存在储备不足的问题。由于经济条件相对落后，乡村地区难以吸引和留住高素质的数字技术人才；同时，乡村居民的数字素养普遍较低，对新技术、新应用的接受程度有限。这种技术与人才支撑的不足，不仅限制了乡村数字化建设的技术创新和应用推广，也影响了建设机制的创新与完善。缺乏先进的技术手段和专业的人才支持，使得乡村数字化建设在面临复杂问题和挑战时往往显得力不从心，难以取得突破性进展。

（四）完善乡村数字化建设机制的对策与建议

破解乡村数字化建设机制不健全的难题，需从顶层设计、协调合作、监管评估、技术与人才支撑四个方面入手，采取有力措施。首先，加强顶层设计与规划引领，完善国家层面的乡村数字化建设顶层设计，制定既科学又具前瞻性的规划，明确发展目标、路径与重点任务，为各地提供统一指导和规范。其次，建立健全协调与合作机制，加强政府各部门间的沟通与协作，打破信息壁垒，形成工作合力；积极引导社会各主体参与乡村数字化建设，鼓励企业、社会组织等发挥自身优势，形成多元化投入与参与格局。再者，完善监管与评估体系，建立健全乡村数字化建设的监管机制，加强对项目实施过程的监督与管理；建立科学的评估体系，定期对建设效果进行评估，及时发现问题并予以纠正，确保建设质量和效果符合预期。最后，强化技术与人才支撑，加大乡村地区数字化技术的研发与应用力度，推动技术创新与成果转化；加强专业人才的培养与引进工作，提升乡村居民的数字素养与技能水平，为乡村数字化建设提供坚实的技术与人才保障。这些措施的实施将有效推动乡村数字化建设机制的完善与创新，为乡村振兴注入新的活力与动力。

第六章　数字经济助推乡村振兴高质量发展的有效路径

第一节　加大乡村数字经济基础设施建设力度

一、提高乡村信息基础设施建设水平

（一）加强政府政策支持

政策支持分为政府直接政策支持乡村信息基础设施建设以及政府引导企业积极参与乡村信息基础设施建设。一方面，政府可以通过制定专门的乡村信息基础设施建设政策，明确乡村振兴高质量发展的目标和实施路径。当然，要制定完善的建设政策，做好政策制定的前期准备必不可少。具体而言，政府可以先通过调研分析，对乡村地区的信息基础设施现状进行全面调研，评估各地区的实际需求和薄弱环节，进一步收集各地的网络覆盖率、设备状况、用户需求等基础设施数据，形成详细的评估报告，以此为前提进行目标设定，明确乡村信息基础设施建设的总体目标，如全面覆盖、提升服务质量等，再根据不同阶段设定具体的建设目标和时间节点，确保政策的可操作性和可监督性。政府还可以基于多方协商的方式，邀请其他相关部门、企业代表、专家学者和乡村居民参与政策制定，充分听取各方意见和建议，并通过

公开征求意见的方式，广泛收集社会公众对政策的看法和建议，确保政策的科学性和可行性。政府还需要完成政策内容的制定，确定政策框架，坚持以以人为本、创新驱动、可持续发展等理念为政策导向，明确政策的重要目标与核心原则。同时，进一步明确政策的适用范围，确保政策能够覆盖所有乡村区域，且建设内容是可行的。政府部门制定科学合理的乡村信息基础设施建设技术标准和规范也极有必要，这样可以确保基础设施建设的质量和安全性。如果政府部门还能够进一步制定网络服务质量标准，就能够更大力度地确保乡村居民能够享受到高质量的网络服务。政府在财政预算中，还应专门设立乡村信息基础设施建设基金，以确保建设过程中投资的充足、及时和到位，并明确基金的来源、管理和使用方式，以提升资金的使用效率。政府也应建立严格的监管机制，对政策实施过程中的资金使用和项目进展进行全程监督，定期对政策实施效果进行评估，总结经验和教训，及时调整和优化政策。另外，完善政策实施的保障措施也至关重要。政府部门可以牵头成立领导小组，统筹协调政策的实施和管理，落实好乡村信息基础设施建设工作，明确各部门和单位的职责和分工，确保各项工作有序推进。政府还可以通过官方网站、媒体等途径，公开政策的制定过程和实施进展，接受社会监督，建立公众反馈机制，及时收集和处理公众对政策实施的意见和建议，确保政策的有效性和公信力。

另一方面，政府可以通过优化税收优惠政策和财政补贴政策，鼓励企业参与乡村信息基础设施建设。对参与乡村信息基础设施建设的企业提供所得税减免优惠，具体而言是根据企业投资额度和建设项目的重要性，给予不同比例的所得税减免。在项目建设期内和运营初期，提供一定期限的税收减免，帮助企业度过初期投入期。对于参与建设的企业，可以实行增值税退税政策。比如，对企业在乡村信息基础设施建设中采购的设备、材料等，给予增值税退税，降低企业建设成本。同时，简化退税手续，加快退税速度，确保企业能够及时享受到政策优惠。允许企业将部分投资金额从应缴税款中抵扣，比如，根据企业的实际投资额，设定一定比例的基础设施建设费用、技术研发费用等抵免额度，减轻企业的税负压力。对参与乡村信息基础设施建设的企业提供直接财政补贴，主要包括对企业在基础设施建设中的投入给予一定比例的财政补贴，降低企业的投资风险；对企业在项目运营初期的亏损；提供一定的运营补贴，帮助企业维持正常运转；对参与乡村信息基础设施建设的企业提供贷款贴息，根据企业的贷款金额和利率，给予一定比例的贷款贴息，降低企业融资成本；根据项目的建设周期和资金需求提供长期的贴息支持，确保企业资金链的稳定。同时，政府应简化行政审批流程，减少企业的时间和经济成本，实行"一站式"服务，提高审批效率。对涉及的信息基础设施建设项目，减免相关的行政费用和服务费用。提供技术咨询服务，帮助企业解决技术难题，提高建设质量和效率。开展专项培训，提升企业员工的技术水平和管理能力，确保项目的顺利实施。选定一批具有代表性的乡村信息基础设施建设项目，作为示范项目重点支持，在资金、政策等方面对示范项目进行倾斜，确保示范项目的顺利实施，总结示范项目的成功经验和模式，推广到其他地区，带动更多企业参与建设。

（二）大力推进技术应用与创新

1.大力推进技术应用

提及技术推广应用，不得不提 5G 网络。5G 网络不仅能为乡村发展提供高速度、低延迟的网络环境，还能支持更多设备的同时连接，使乡村地区的远程教育、医疗等服务更加高效便捷。政府可以通过与企业构建合作关系，加大对乡村地区 5G 基站的建设投入，以此提升乡村地区的网络覆盖率和质量。除了 5G 网络，也需要基于各类技术的应用促进乡村发展。各类技术的应用在推动乡村振兴和高质量发展中发挥着不可或缺的作用，未来需要进一步加大对数字基础设施建设和数字技能普及的投入，以实现数字经济与乡村振兴的深度融合。例如，相关部门可以通过建设与完善乡村云计算平台，实现乡村建设与发展相关数据的集中存储和管理，提高数据的利用率。政府可以以这些数据为重要依据，精准掌握乡村地区的经济、人口、农业生产等信息，从而制定更加科学的乡村发展政策。相关部门还可以引导和鼓励农民在农田中安装传感器，以及时了解土壤的湿度、温度等关键数据，并以此为依据实现科学种植，提高农作物的产量和质量。当然，传统网络信息技术的应用也不容忽视，尤其是电子商务平台的进一步建设和推广极有必要。相关部门可以通过普及移动支付，加大电子商务平台建设的支持力度，让更多农产品便捷地进入流通市场，拓宽农民销售渠道，同时提升农民经济收入，进而让电子商务对乡村地区经济增长的引擎作用充分发挥出来。

2. 加大技术创新力度

资金支持是技术创新的基础。因此，政府应设立科研创新专项基金，加大对农村全面建设与发展相关的科研项目和技术创新的资金投入。同时，相关的科研部门也应增加相应的研发预算，并建立完善可行的内部创新激励机制，确保科研活动得到持续且稳定的财务支持。产学研合作能够为技术创新注入更多的活力与血液，所以相关部门也应重视并鼓励创新研发部门与高校、企业、科研院所等建立联合性实验研发中心，通过资源共享和优势互补，加快技术的研发和转化。当然，政府也需完善知识产权保护的相应法律制度。知识产权保护对于激励创新具有重要作用，但现阶段我国在这方面存在立法、制度等方面的不足，所以政府亦应建立健全知识产权保护制度，确保创新成果得到法律保护，提高科研人员和企业的创新积极性，并以此加强对知识产权的管理和运用，推动创新成果的商品化和产业化。此外，优化创新环境、培养创新人才、加强国际合作等也是推动技术创新、促进乡村振兴高质量发展的重要举措。

二、不断拓宽数字建设资金的渠道

（一）政府加大资金投入

政府在年度财政预算中，制定专项预算，专门列出一部分资金用于乡村数字化、产业数字化、教育数字化等数字建设。同时，政府应制定中长期财政预算规划，确保乡村数字建设有持续稳定的资金支持，并根据各乡村地区的实际需求，进行精准的资金投放，确保资金用在最需要的地方；还应根据项目进展情况，分阶段拨付资金，确保项目顺利推进。政府还需要通过多种渠道宣传政策，提高社会各界对乡村数字建设的关注和支持。同时鼓励社会公众参与资金使用的监督，确保资金使用的透明和公正，建立公众反馈机制，及时收集和处理公众对资金使用的意见和建议。

（二）吸引社会资本和国际援助

要进一步吸引社会资本和国际援助，优化投资环境必不可少。政府优化投资审批流程，提高审批效率，可以减少企业的时间成本和制度性交易成本。降低市场准入门槛，鼓励更多类型的企业参与乡村数字建设。完善相关法律法规，为社会资本的投资提供法律保障，确保投资环境稳定和可预期。加大信息公开力度，也有助于吸引更多投资。通过政府网站、媒体等途径，公开乡村数字建设项目的信息，吸引社会资本关注和参与，基于透明操作，确保项目招投标过程的公开透明，防止腐败行为，增强社会资本的投资信心。

此外，政府还应积极参与国际组织的合作项目，如世界银行、国际货币基金组织等，争取国际资金和技术援助，与发达国家和地区开展双边合作，争取其对乡村数字建设的资金和技术支持。组建专业的项目申报团队，针对具体的乡村数字建设项目，向国际组织和发达国家提交详细的项目申请报告，争取其资助，提升项目申报的专业性和成功率。同时，争取国际组织和发达国家的技术援助，引进先进的技术和管理经验，提高乡村数字建设的技术水平。通过与国际的合作，加强高素质人才的引入，重视跨国合作人员的培训，提高本土技术人员的能力和水平。除此之外，政府还应加大宣传力度。通过国际媒体和外交活动，宣传国家和地方政府在乡村数字建设方面的成就和规划，提升国家形象，增强国际社会的信任和支持。在国际会议和展会上推介乡村数字建设项目，吸引社会资本和国际援助资金。成立专门的协调机构，负责统筹吸引社会资本和国际援助资金的工作，确保各项措施的落实和协同。建立多方参与机制，邀请企业、国际组织、专家学者等共同参与政策制定和项目实施。对社会资本和国际援助资金使用情况进行定期评估，确保资金使用得高效和透明。总结吸引社会资本和国际援助的成功经验，及时调整和优化相关政策和措施。

（三）采取多元化融资模式

1. 大力推行 PPP 模式

推广 PPP 模式，由政府与企业合作共建乡村数字设施，建立风险共担和收益共享机制，激发企业的合作参与积极性。通过 PPP 模式，将政府与社会资本共同纳入投资、建设和运营乡村数字的项目中，明确政府与社会资本的权责分担，降低社会资本的投资风险，提高其投资积极性。在此过程中，政府应制定详细的合作合同，确保社会资本的合法权益，增加社会资本的投资信心。

2. 开发乡村数字经济债券等金融产品

相关组织或机构设计优质债券产品，清晰界定债券募集资金的具体用途，确保资金用于乡村数字经济建设项目，并为债券购买者提供详细的项目计划书，展示项目的预期收益和社会效益，增强投资者的信心。同时，相关主体多方了解需求对象的项目需求周期和资金需求情况，设计合理的债券期限，为购买者提供中长期债券以满足不同投资者的需求。大力创新金融产品与服务，发行绿色债券，将募集资金用于可持续发展的清洁能源、生态农业等乡村数字项目，以此吸引关注环境保护的投资者。发行社会责任投资债券，将资金用于改善乡村教育、医疗等公共服务项目，吸引社会责任感较强的投资者前往投资。此外，政府还应建立专门的乡村数字经济债券交易平台，为有需要者提供债券的发行、交易、回购等全流程服务。同时建立乡村数字经济投融资对接平台，为项目方与投资者达成更好的沟通与合作提供便利。

3. 基于互联网搭建众筹平台

搭建网上众筹平台，关键在于平台的选择和众筹计划的制定。一方面，选择知名度高、用户基础广泛的众筹平台，以确保项目能够获得足够的曝光和支持。针对乡村数字建设项目的特点，还可以选择专注于社会公益和基础设施建设的公益宝、众筹网等众筹平台。另一方面，制定详细的众筹计划，清晰定义众筹项目的资金用途、预期成果和社会效益等具体目标，使潜在支持者了解项目的重要性和价值，并以目标为前提制定详细的项目计划书，展示项目的可行性和执行方案，增强支持者的信心。还需注意，在筹资金额与期限的设置上也务必合理，一定要以项目的实际需求为基础，设定合理的筹资金额，避免过高或过低引发不良社会反应，也要确定适当的筹资期限，既要给支持者足够的时间了解和参与，又要保持紧迫感，激发支持者的参与热情。

三、建立专门的乡村公共支撑平台

（一）构建完善的信息共享平台

实现乡村数字化信息共享平台的建立，第一步是通过需求调研，了解政府、农民、企业、社会组织等参与方在信息共享和数据互通方面的具体需求，以此帮助建设者准确识别乡村数字化信息共享的主要内容，如农业生产、市场信息、气象数据、公共服务等，这是乡村数字化信息共享平台建设中极易被忽视的点。平台建设中还应做到数据标准化，制定统一的数据标准和规范，确保不同来源的数据能够进行无缝对接和共享；建立数据分类和标签体系，以便使用者对数据进行标准化处理，确保数据的一致性和可用性。平台建设中还需注意确保数据安全与隐私保护，建立完善的数据安全防护体系，采用加密技术、多层次的安全措施，确保数据在传输和存储过程中的安全性。同时，制定数据隐私保护政策，明确数据采集、使用和共享的范围和规则，保护用户的隐私权。

（二）搭建完善的技术服务平台

利用相关技术加强平台建设、大力开发平台功能是完善技术服务平台的两个重要方面。首先,基于在线咨询、远程支持相关的技术加强技术服务平台建设,便于帮助农村居民随时随地解决生产、生活中遇到的实际问题,以实时、精准的咨询服务缩短乡村居民获取信息的时间成本,大力改善居民的生产生活条件。同时, 大力开发平台功能,基于平台组织各类培训课程,帮助农村居民根据自身需要掌握生产生活的技术知识,显著提升乡村居民的综合素质。

（三）进一步加强电子商务平台的建设与完善

不断建设完善高效的农村冷链物流、仓储设施等物流网络,建设完善电商平台的辅助应用体系,以保证农产品能够快速、安全地运送到消费者手中。同时, 加强电商平台的技术创新和应用。引入先进的电商技术,优化农产品的推广和销售策略,提高消费者的购买体验。此外, 可以通过平台开发农产品溯源系统,增强消费者对农产品的信任, 提升品牌价值。最后, 还应重视电商人才的培养。通过组织专业培训,提升农民及农村创业者的电商运营能力和数字化素养。政府和企业还可以合作设立电商孵化基地,为从业者提供从产品包装、市场营销到客户服务的全方位培训与指导,帮助乡村居民实现从传统农业向电商经营的转变。

四、重视乡村网络设施建设

（一）提升网络覆盖率

国家和地方政府应加大对光纤宽带基础设施的投资力度,在乡村地区大规模铺设光纤网络,并通过与电信运营商合作,确保光纤宽带能够覆盖到每一个村庄,甚至每一个农户。在建设过程中,使用先进的光纤技术和设备,提升网络速率和稳定性,确保乡村居民和企业能够享受与城市相同质量的互联网服务。特别是在农产品电商、远程教育和医疗等需要高带宽支持的领域提供可靠的网络保障，优化网络服务质量，改善用户体验。在乡村地区增设更多的移动通信基站，尤其是在网络盲区和信号弱区，通过新建基站和优化现有基站布局，提升移动通信覆盖率和信号质量。

（二）建立网络维护体系

建立网络维护体系，首先要组织人员定期对网络设备进行检查和维护，及时发现和处理潜在问题，并借助先进的监控工具，实时监控网络流量、设备状态和性能指标，及时对可能的故障点进行预警。同时，还需建立完善的应急响应机制，包括故障排查流程、备份恢复计划等，提升突发网络故障的应对能力，确保存在的问题能够得到快速的定位与修复，最大限度地减少故障带来的影响；通过防火墙、入侵监测系统等手段，保护网络免受外部攻击。此外，定期更新和升级网络设备和软件，防止安全漏洞的出现。对网络管理员和技术人员进行专业培训，提高技术水平和应急处理能力，确保其具备扎实的技术基础和应变能力，才能确保网络问题及时解决。

五、支持数字化农业基础设施建设

（一）建立健全农业大数据平台

建立农业大数据平台，首要任务是制定农业大数据发展的长远规划和政策，明确发展目标、任务和路径。在此基础上，整合分散在不同部门、不同层级的农业数据资源，实现数据的集中管理和统一调用，并据此构建农业资源"一张图"，通过多源、多级、多专题的数据管理模式，实现数据的可视化。同时，建立跨部门协调机制，确保政策、资金、技术等资源的有效整合。在平台开发应用中，还可以结合农业生产、管理、服务等领域，开发具体的应用场景，如智能种植、病虫害防治、市场分析等。数据采集与质量控制也不容忽视，既要确保数据采集系统的完善，也要及时做好质量控制的监管。

（二）建立完善的农产品溯源系统

建立完善的农产品溯源系统需以制定农产品溯源系统的整体规划为基础，明确溯源系统的目标、功能、覆盖范围以及实施步骤。建设一物一码系统，为每件农产品赋予唯一的、不可更改的二维码或射频识别（RFID）标签，确保产品在整个供应链中可以被准确追踪。实现技术的规范与制定标准的统一，以此确保溯源系统在不同地区、不同部门之间能够互联互通。做好相应的法律支持，建立相应的法律法规体系，对农产品溯源系统的建立和运行提供法律保障，确保溯源过程中的各环节责任和义务明确，溯源过程和结果有理有据。

（三）加强乡村地区数字化农业基础设施建设力度

以加快乡村地区的宽带网络和5G基站建设为前提，引入物联网、人工智能等现代信息技术，推广智能监控系统、自动化控制系统等数字化农业基础设施，提高农业生产效率和产品质量。同时，构建集农业咨询、技术支持、市场信息、物流配送等服务于一体的数字化服务平台，为农民提供全方位帮助。最后，加快农业基础设施如水利、电力、冷链物流等的数字化、智能化改造，提升农业基础设施的运行效率和服务水平。

第二节　强化数字化技能型人才培养

一、数字化技能型人才引进方面

（一）制定引才政策

引进人才，一是要考虑人才技能与乡村数字化发展需求的契合度，二是要提供充足的生活与福利保障。一方面，制定有针对性的引才政策，吸引高素质数字化技能型人才到乡村工作。在乡村数字化建设的过程中，首要任务是对当地的实际需求进行全面而深入的调研工作。这一阶段包括但不限于对乡村现有产业格局、人才结构、技术需求等方面的详细梳理，以及对未来数字化乡村发展愿景的深入剖析。通过走访农户、调研村干部、座谈会等形式，了解乡村在数字化建设过程中面临的问题和挑战，明确哪些岗位、哪些技能是当前乡村振兴迫切需要的。然后基于需求调研结果，政府部门或企事业单位应针对性地设计并出台一系列引入政策。例如，为吸引和留住人才，可以提供具有竞争力的薪酬待遇和专项奖金，为人才提供广阔的职业发展空间和通道，包括职称晋升、项目申报等。

另一方面，提供住房、生活补贴和其他福利，降低人才流动成本。例如，优化生活配套设施，以创造一个宜居且富有吸引力的乡村环境，从而更有效地吸引和留住数字化技能型人才。为这些关键人才提供舒适、便捷的住房选择，可以是直接提供高品质住房，也可以是提供具有竞争力的住房补贴，以减轻其在住房方面的经济负担。在基本薪资之外，增设一系列贴心的生活补贴和福利措施，如生活补贴（覆盖日常生活开销）、交通补贴（缓解通勤压力）、子女教育优惠（解决教育后顾之忧）等，全方位提升人才及其家庭的生活品质，确保其能在乡村长期安心工作与生活。鉴于健康是人才发展的基石，应着力完善乡村医疗服务体系，提升医疗服务水平、增设医疗服务设施、优化医疗资源配置，为人才及其家庭成员提供及时、有效的医疗保障，确保其健康的需求得到满足。降低流动成本，减少人才因地理位置等外部因素产生的障碍，则能够促进乡村优秀人才的稳定流入与留存。考虑到数字化技能型人才往往具备较强的远程工作能力，可以积极推广远程工作、弹性工作制等新型工作模式。这种灵活性不仅有助于减少人才的地理流动需求，降低其流动成本，还能提高其的工作效率与生活满意度。为消除人才在落户方面的顾虑，还应为符合条件的引进人才提供便捷的户籍迁移服务。通过简化审批流程、提高办事效率、加强信息共享等措施，确保其能够迅速融入乡村社会，享受与当地居民同等的权益与待遇，从而增强其归属感和稳定性。

（二）建立人才引进机制

有关部门应积极与高等教育机构及科研院所建立长期稳定的合作关系，通过共同设计课程体系、研发教学材料等方式，定制化培养乡村数字化建设所需的专业人才。这种联合培养模式不仅能够确保学生学到符合乡村实际需求的知识与技能，还能有效缩短学生进入工作岗位后的适应期。在乡村地区或邻近区域建立实习实训基地，为在校学生提供实地操作的机会，让其亲身体验乡村数字化项目的实施过程，从而提升其解决实际问题的能力。同时，这也能为乡村引入新鲜血液和创意，促进乡村数字化建设的活力提升。

另外，还需优化人才引进与流动机制。针对乡村数字化建设的具体需求，定期举办专项招聘会，直接面向相关专业的毕业生或在职人员，提高招聘的针对性和效率。通过建立乡村数字化人才信息库，实现供需双方信息的精准匹配，为求职者提供更加个性化的职业指导和岗位推荐服务。充分利用现代信息技术手段，搭建线上线下相结合的人才交流平台，打破地域限制，促进人才资源的有效流动。通过组织人才交流会、研讨会等活动，不仅能为人才提供展示自我和相互学习的机会，还有助于促进乡村数字化建设经验和创新做法的广泛传播，进一步激发乡村发展的内生动力。

二、数字化技能型人才培育方面

（一）强化硬件设施与课程内容的匹配性

硬件设施建设中的选址与布局，需充分考虑便捷性与实用性，确保数字化技能培训中心能够辐射到更广泛的乡村地区。同时，现代化教学设施的配备不仅要齐全，更要注重其更新换代的速度，以跟上技术发展的步伐。课程内容创新过程中，需确保系统化课程设计紧密对接乡村经济实际需求，并确保课程内容既具有前瞻性又具有可操作性。课程内容应定期更新，融入最新技术成果和行业动态，使学员学到的技能能够直接应用于实践。采用线上线下相结合的混合学习模式，满足不同学员的学习需求。线上课程便于学员自主安排时间学习，而线下实操和答疑则能有效提升学习效果。此外，还可以通过虚拟现实（VR）、增强现实（AR）等技术手段，为学员提供更加沉浸式的学习体验。

（二）通过构建多元化人才培养机制深化校地合作

培养多元化人才，需要实现课程与专业的深度对接，确保与高校和职业学校的合作深入到课程开发、教学实施、实习实训等各个环节。通过共同制定教学标准、共享教学资源、互派教师授课等方式，实现教育资源的优化配置和共享。重视对实习实训基地的拓展建设，鼓励和支持高校在乡村地区建立实习实训基地，不仅可以为学生提供真实的实践环境，还能为企业输送技术人才，推动产业升级。同时，这为乡村地区带来先进的管理理念和技术支持。实现人才培养计划的精准实施，还要制定具有针对性的乡村数字化技能型人才培养计划，明确培养目标、路径和措施。通过政策引导和资金支持，激发青年人的学习热情和创业激情，为乡村数字化发展注入新的活力。

（三）营造积极向上的学习氛围

只有营造积极向上的学习氛围，才能充分激发学员的创造力和创新精神。具体而言，可以开展技能竞赛与评比，通过定期举办乡村数字化技能竞赛和评比活动，为学员提供展示自我、交流经验的机会。通过竞赛的激烈比拼和评委的专业点评，帮助学员发现自身不足并明确努力方向。对在竞赛和评比中表现优异的学员给予表彰和奖励，并广泛宣传其先进事迹和成功经验。这不仅能够激励更多学员投身乡村数字化事业，还能在全社会形成尊重技能、崇尚创新的良好氛围。当然，建立学习支持网络也至关重要，可以通过构建线上线下相结合的学习支持网络，为学员提供持续的学习资源和帮助。通过设立学习社群、开通在线答疑平台等方式，让学员在学习过程中能够及时获得帮助和支持。同时，也可以促进学员之间的交流与合作，共同推动乡村数字化事业的发展。

三、数字化技能型人才使用方面

（一）优化人才使用机制

要优化人才使用机制，需要根据乡村数字经济发展需求，科学合理地配置和使用数字化技能型人才。具体而言，可以精准对接需求、明确规划岗位，强调深入落实市场调研与分析，确保对乡村数字经济（如农业智能化、农村电商、乡村旅游等）的实际需求有清晰的认知。这要求政府、企业及研究机构合作，共同识别并明确数字化技能的具体要求，从而引导人才引进与培养的方向。其次，制定翔实的岗位规划，为每个岗位设定清晰的职责范围、技能标准和发展蓝图。这样，不仅能为数字化技能型人才提供明确的职业路径，也能促进其持续成长与自我提升。需要注意的是，在实际操作中，实施灵活的人才配置策略也至关重要。这意味着要根据项目进展、市场变化及新技术发展趋势等因素，动态地调整人才配置方案，确保人才资源能够高效利用，及时响应市场需求。不仅如此，还应建立有效的人才激励机制，激发数字化技能型人才的积极性和创造力，为乡村数字经济的发展注入持续动力。建立跨部门、跨领域的人才使用协调机制，也能够提高人才使用效率。跨部门、跨领域的数字化人才信息共享平台是推动人才资源有效整合的基石。通过该平台，可以实现人才信息的实时更新与共享，降低信息搜索成本，提高人才匹配效率。同时，该平台还可以作为政策发布、活动通知等信息的集中展示窗口，促进各方之间的沟通与理解。为更好地推动数字化技能型人才的使用与发展，还需要建立跨部门协同工作机制。这要求政府、企业、社会组织等各方加强沟通与协作，共同制定并执行人才使用政策与标准。在政策层面，应加强协同与整合，确保各项政策之间的衔接与互补。通过统一的政策框架和标准体系，减少政策冲突和重复建设现象，提高政策的有效性和执行力。最后，还应重视政策创新与试点示范工作。通过选取典型地区或项目开展试点工作，探索符合乡村数字经济发展特点的人才使用模式和政策体系，为其他地区提供可借鉴的经验和做法。

（二）支持自主创业

针对乡村数字化技能型人才的创业需求，应该致力于提供全面的创业指导服务、构建多元化的融资支持体系[①]。具体而言，对自主创业的支持聚焦于创业初期的关键环节，通过专业的市场分析帮助创业者精准定位市场，设计可持续的商业模式，并深入评估潜在风险，从而有效规避创业陷阱，提升创业项目的成功率。同时，毋庸置疑，资金是创业不可或缺的血脉。因此，需要构建包含专项基金设立、贷款担保服务及风险投资引入在内的多层次融资支持体系，能够有效降低创业者的融资门槛与成本，为其注入源源不断的资金活力。为进一步促进乡村创业生态的繁荣，还应积极重视乡村创业园区与孵化器的建设与管理。在园区规划上，应紧密结合乡村的地域特色与产业优势，科学布局，旨在打造一个集创新研发、高效生产、市场拓展于一体的综合创业生态系统。而孵化器在运营过程中，不仅要提供基础的办公空间，更要通过集成化的服务，如法律咨询服务、财务管理指导、市场营销策略制定等，为初创企业搭建起快速成长的桥梁。此外，自主创业支持系统还应致力于资源整合与共享，充分调动政府、企业及社会各界的力量，为创业者提供全方位的政策扶持、技术援助及市场信息，确保每一个创业项目都能在肥沃的土壤中茁壮成长，推动乡村经济的持续健康发展。

---

① 张坤. 乡村振兴，人才先行 [J]. 人力资源, 2024(15)：118-119.

四、数字化技能型人才评价方面

（一）建立科学的评价体系

建立科学的评价体系是确保数字化技能型人才能够得到全面、准确评价的基础。这一体系通过制定全面的评价标准，不仅关注人才的技术能力和项目成果，还重视其社会贡献，从而构建多维度、立体化的评价。这样的设计有助于全方位地了解人才的综合素质和潜力，为人才的选拔、培养和激励提供科学依据。同时，需要保持评价标准的灵活性，能够及时响应数字技术和乡村振兴需求的变化，确保评价体系的时效性和针对性，有助于推动人才的持续成长、适应社会发展。定期开展人才评估则是落实科学评价体系的关键环节。通过建立定期评估机制，可以实现对数字化技能型人才持续、系统的监测和评价，确保评估的连续性和有效性。评估周期的合理设定，有助于及时发现问题、总结经验，为人才的后续发展提供有针对性的指导。评估结果的及时反馈，不仅能够帮助人才个人明确自身的优势和不足，制定个性化的成长计划，还能够为相关部门制定人才培养和引进的政策提供重要参考，推动人才资源的优化配置和高效利用。此外，通过评估结果的公开透明，还能够激发人才的竞争意识和进取精神，促进整个数字化技能型人才队伍的不断进步和发展。

（二）多元化评价方式

多元化评价方式的引入，能为数字化技能型人才的发展提供更为全面和客观的评价视角。自我评价鼓励人才自我反思，不仅有助于提升个人的自我认知能力和职业素养，还能让个人更加清晰地认识到自身的优势和不足，从而有针对性地进行改进和提升[①]。同行评价和专家评价则能够通过外部视角为人才提供更加客观和专业的反馈。同行间的交流能揭示行业内的标准与期望，而专家的深入剖析则能指出具体的成长路径和改进方向，二者均为评价体系

---

① 田杰，李明荣.乡村振兴战略视角下人才振兴路径探索［J］.南方农机，2024，55（16）：107-109，129.

不可或缺的部分。市场评价则直接将人才的价值与市场需求对接，反映人才在市场上的竞争力和影响力。这种评价方式不仅激励人才向市场需求靠拢，还能促进企业与市场的紧密连接，提升整体的市场适应性和竞争力。另外，重视实际工作表现和创新成果则是确保评价有效性的关键所在。实践导向的评价理念强调"知行合一"，即知识与实践的紧密结合。这种评价方式能够直观地反映出人才在实际工作中的技术水平、工作能力和创新能力，避免理论脱离实际的弊端，避免单纯以学历和资历作为评价标准，是针对传统评价体系的一次重要革新。在数字经济时代，学历和资历虽然仍有一定参考价值，但已不再是衡量人才能力的唯一标准。应更加注重实践能力和创新能力的培养，使之能够更好地适应快速变化的市场需求，从而促进人才的持续成长和企业的创新发展。

五、数字化技能型人才激励方面

（一）完善激励机制

建立科学合理的激励机制，要能够充分激发数字化技能型人才的潜力与积极性，而其中又以构建多元化的薪酬体系最为关键。这不仅能够确保员工的基本生活需求得到满足，还能通过绩效奖金、项目奖金、年终奖等额外激励措施，直接反映员工的工作成果与贡献，激发其工作热情和创造力。这种薪酬结构的设计，使得数字化技能型人才能够清晰地看到自己的努力与回报之间的直接联系，从而更加专注于技能提升和工作绩效。此外，实施股权激励计划是留住核心人才、促进企业长远发展的重要手段。通过将核心技术和管理人才的个人利益与企业的长期发展绑定，可以极大地增强其归属感和责任感，促使其更加积极地投入工作，为企业创造更大的价值。这种激励方式不仅有助于稳定团队，还能激发团队的凝聚力和创新精神。除此之外，非物质激励同样不可忽视。表彰大会、荣誉证书、优秀员工称号等非物质奖励，能够极大地提升员工的成就感和荣誉感，增强其归属感和忠诚度。这些非物质激励措施有助于营造积极向上的企业文化氛围，激发员工的内在动力，促进个人与企业的共同成长。

提供明确的职业发展路径来保障数字化技能型人才的成长与晋升，也有助于提升人才的工作积极性。因此，为每位员工量身定制职业发展规划是至关重要的。这有助于员工明确自己的职业方向和目标，了解晋升路径和所需技能，从而更加有针对性地提升自己的能力和素质。这种个性化的职业规划不仅有助于员工的个人成长，还能为企业培养更多符合发展需求的人才。除此之外还应建立公平、透明的内部晋升机制作为保障员工晋升机会的重要前提。通过明确的晋升标准和流程，确保员工能够凭借自己的努力和能力获得晋升机会，实现个人价值。这种内部晋升机制有助于激发员工的积极性和工作热情，促进企业的整体发展。实施导师制度也是加速新员工成长的有效方式。由经验丰富的老员工或行业专家担任导师，为新员工提供指导和帮助，可以让其更快地适应工作环境、掌握工作技能、融入企业文化。这种导师制度不仅有助于新员工的成长和发展，还能促进团队之间的交流和合作，提升整个团队的凝聚力和战斗力。

（二）发展空间和机会

人才发展空间与机会主要体现在学习培训体系的建设与人才创新创业的活力。一方面，注重学习与培训体系的完善与创新，为数字化技能型人才构建多元化的发展路径。具体来说，通过积极拓宽学习培训渠道，如引入高质量的线上课程，利用互联网技术打破地域限制，让人才能够随时随地获取最新的专业知识和技能[1]。同时，加强专业培训的针对性与实用性，确保培训内容与行业实际需求紧密结合，帮助人才迅速提升岗位胜任力。此外，支持人才参与国内外学术交流，不仅能够拓宽其国际视野，还能促进跨文化沟通与理解，为未来的国际合作奠定基础。这种学习与交流的结合，能够全方位提

①　王立新. 乡村振兴背景下农村创新创业人才培育路径研究 [J]. 南方农机，2024,55(16)：173-176.

升数字化技能型人才的综合素质，为其发展打开更广阔的空间。

另一方面，鼓励内部创新创业，激发数字化技能型人才的创造活力与企业创新潜能。在企业内部营造开放包容的创新创业氛围，通过设立专项基金、搭建孵化平台、提供导师指导等方式，为有志于创新创业的人才提供全方位的支持[①]。这种支持不仅限于资金和资源，更重要的是为其提供试错的机会和容错的环境，让其敢于尝试、勇于创新。通过内部创新创业的推动，不仅能够为企业带来新的增长点，还能够激发员工的积极性和创造力，增强企业的核心竞争力和市场适应能力。同时，这也是对数字化技能型人才的一种有效激励和认可，使其自身的价值在企业的发展中得到实现，并提升归属感。

第三节　丰富乡村数字应用场景

一、立足乡村产业数字化激活资源要素

（一）农业数字化

农业数字化主要表现为智慧农业与精准农业。一方面，进一步加大智慧农业技术的推广和使用力度，为提升农业生产效率与经济效益开拓新路径。具体而言，可以加大物联网技术的应用力度，通过物联网技术智能传感器在农田中的广泛应用，实现对农田环境参数的精准监测，帮助农户实时收集并传输关于农田的温度、湿度、光照强度、土壤养分、病虫害预警等关键数据，能够为其提供详细且准确的环境信息。当传感器检测到环境参数偏离作物生长的最佳范围时，会立即通过物联网平台向农户或控制系统发出警报，从而

---

① 时高畅.乡村振兴背景下农村人才振兴政策评价——基于PMC指数模型［J］.安徽农业科学,2024,52(15)：268-273.

确保作物在最佳条件下生长。这种实时监测能力能极大地提升农民对农田环境的了解程度，使其更科学地判断农田状态，为作物的生长创造最适宜的环境条件。此外，还可以加大无人机监测技术的引入和应用力度，充分发挥无人机的远程监测功能，让农户能够轻松地通过其搭载的高清摄像头和多种传感器，以更广阔的视角对农田进行全方位的监测，以此清晰地看到农田的整体状况，及时帮助农民有效把控作物生长情况、病虫害的分布情况等关键信息，从而确保作物的健康生长，提高农作物的产量和质量。重视大数据技术的应用，也能够为农业生产提供更多科学决策的依据。大数据技术在农业生产领域的应用，无疑开创了一种全新的科学决策模式。这一先进技术通过无缝集成各类先进传感器、物联网设备、遥感卫星等高科技手段，能够实时捕获并深度分析农业生产环境中的海量数据信息，具体包括如气温、湿度、光照、风速、降雨量等关键气象数据，以及土壤的酸碱度、有机质含量、矿物质构成等关键特性数据。同时，大数据技术还可以获取作物生长周期内的各项生理指标变化，如叶片叶绿素荧光检测、作物病虫害预警等，这些数据能够为农业生产提供全面、立体的信息支持。通过远程教育、现场指导操作等，强化农民的大数据技术应用能力，可以帮助农民根据实时获取的精确数据，结合历史经验及市场动态，进行更为精准且科学合理的农业生产决策。例如，通过深度挖掘土壤检测数据，农民可以准确了解土壤肥力状况，从而科学施用肥料，避免过量施用导致的环境污染和资源浪费。此外，通过对历年气象数据和作物生长周期数据的比对分析，农民能够预测潜在的风险和挑战，如提前预防作物病虫害暴发，降低因病虫害导致的产量损失。当然，大数据技术在农业生产中的应用，远不止于决策支持层面。该技术还可以通过提升农户的大数据分析能力，实时监测农田生态环境变化，为智能农业设备提供精确的控制指令。例如，借助大数据分析技术，农民可以及时了解土壤湿度和作物需水规律，并据此给予智能灌溉系统运作指令，进而实现精准灌溉；智能温室则可以根据作物生长需求和外部环境条件进行智能调光、通风和加热等操作，这样可以大大提高农业生产效率和资源利用率。

另一方面，大力发展精准农业，有效提升资源利用率，减少资源浪费的同时，进一步优化资源配置。精准施肥在精准农业体系中扮演着至关重要的角色，即根据作物的特定生长阶段和其对各种营养元素的需求进行精确匹配，并结合土壤检测结果来指导施肥决策。通过科学的方法，确定肥料中氮、磷、钾及其他微量元素的合理比例，并精确计算出所需施用的数量，以确保作物能够获得均衡的营养供给，避免过量施肥导致的环境污染和资源浪费。在实际操作中，精准施肥要求农民或农业技术人员细致观察土壤特性、作物品种特性及气候条件等因素，选择最适合的肥料种类，如有机肥、无机肥或是生物肥料等。同时，利用先进的土壤检测技术和数据分析工具，能够实时了解土壤中各种养分的含量状况，从而动态调整施肥方案，实现按需施肥。精准施肥不仅能显著提高肥料利用率，降低生产成本，而且有利于保护土壤生态环境，促进农业可持续发展。在灌溉管理方面，精准控制同样发挥显著作用。安装土壤湿度传感器和作物需水量监测设备，可以实时获取土壤水分状况以及作物对水分的需求信号，进而智能调控灌溉系统的工作参数，如供水量、灌溉时间和频率等。这种精准灌溉技术旨在确保作物在关键生长阶段得到恰到好处的水分供给，同时避免过度灌溉引发水资源浪费或导致土壤盐渍化等问题。精准灌溉系统能够根据作物生长周期内的不同需水特点进行精细化操作，使土壤始终处于最适宜的湿润状态，有利于作物根系健康发育，增强抗旱能力，并最终提升作物整体的生长势和产量品质。此外，通过精确调控灌溉水量和时机，还有助于减少病虫害的发生概率，进一步节约能源消耗，实现节水型农业的目标。

（二）促进农村电商发展

建设农村电商平台是推动农业现代化进程、实现乡村振兴战略的关键举措。深入分析和有效利用现有电商平台资源，或者构建全新的农村电商服务体系，能够打破农产品销售长期以来存在的地域局限性，让那些隐藏在偏远地区的优质农产品摆脱地理封锁，直接与全国乃至全球范围内的消费者建立联系。这一举措不仅能拓宽农产品的市场边界，增强其在国内外市场的竞争力，而且能极大地提升农民的收入水平，促进农村经济的多元化和全面升级。为实现这一目标，政府和社会各界应积极鼓励并支持本地企业、合作社及农户入驻电商平台，通过提供一站式入驻服务，包括但不限于技术支持、运营指导、品牌推广等措施，大幅降低农村主体在进军电商领域时面临的技术壁垒和市场风险，使其能够平等地参与到数字经济中，从而切实享受到电子商务带来的红利，实现收益增长和产业转型升级。强化电商培训对于提升农村人才队伍素质，推动农村电商产业的可持续健康发展具有深远影响。针对有志于投身电商的农民朋友和乡村创业者，相关平台或部门应当开展系统化、结构化的电商培训课程，内容应涵盖电商行业的基础理论知识、网络营销策略方法、物流配送管理体系、客户服务及售后保障等多个维度，确保学员能够全面掌握电商运营的核心技能，并在实践中不断提升自身的市场竞争力。引入案例分析、实战模拟、现场演练等教学手段，使学员能够身临其境地了解电商运营的各个环节，更直观地感知市场动态，培养敏锐的市场洞察力和创新思维。这样不仅有助于提高学员的个人技能水平，更为重要的是，其还能为农村电商的长远发展积蓄宝贵的人才资源，为打造一支高素质、专业化的农村电商人才队伍奠定坚实基础。

二、加大乡村数字文化建设力度

（一）加强农村数字文化基础设施建设

　　加强乡村数字文化基础设施建设，首要任务是在乡村地区建设数字文化馆、数字图书馆等数字文化场所，提供丰富的文化资源和数字服务。加大数字文化馆的建设力度，在乡村地区建设集展示、教育、娱乐于一体的数字文化馆，是一项充满创新且意义深远的举措。这些数字文化馆不仅是对传统文化的传承和弘扬，更是利用最先进的科技手段，为村民们提供一种全新的、沉浸式的文化体验。通过运用 VR 和 AR 技术，数字文化馆能够将传统的文化艺术以更加生动、直观的方式呈现出来，让村民们身临其境地感受文化的魅力。例如，其可以通过 VR 技术，沉浸式地参观博物馆的文物展览，或者通过 AR 技术，在家中就能参与到传统的节日庆典中。这些数字文化馆不仅能丰富村民们的日常生活，让其在家门口就能享受到丰富的文化熏陶，而且还有助于激发其对本土文化的兴趣与自豪感。通过与现代科技的结合，数字文化馆让传统文化焕发出新的生机与活力，为乡村地区的文化传承和发展注入新的动力。

重视乡村数字图书馆的建设，要实现数字图书馆网络在乡村的覆盖，充分考虑乡村居民不同的学习需求，提供丰富多样的学习资源。海量的电子书籍可以涵盖各个学科领域，满足村民们对知识、文化和娱乐等方面的需求。为满足不同年龄层村民的学习需求，数字图书馆还可以提供各类音频资料和视频课程。这些资源可以涵盖农业技术、职业技能培训、文化教育等多个领域，为村民们提供更加全面和深入的学习机会。通过移动应用或网页平台，数字图书馆实现资源的便捷访问，缩小城乡之间的信息鸿沟。村民们可以通过手机或电脑随时随地访问数字图书馆网络，获取所需的学习资源。同时，数字图书馆网络还可以为村民们提供一个交流互动的平台，促进知识共享和合作创新。通过这个平台，村民们可以互相分享学习心得、交流经验、解决问题，共同提高自身的素质和能力。

建设数字文化设施的同时，也要推动其共享和利用，提高公共文化服务的覆盖面和可及性。建立乡村数字文化设施的共享机制是首要任务——构建一个涵盖学校、文化站、村委会等多方参与的合作框架，明确各机构在资源共享中的职责与权益。通过政策引导和制度保障，鼓励这些机构主动开放其数字文化资源，如电子图书馆、网络学习平台、数字影音室等，实现资源的有效整合与优化配置。同时，建立统一的管理系统和信息共享平台，便于村民查询和使用各类设施，确保资源的透明度和便捷性。针对偏远地区和特殊群体的可及性问题，必须采取定制化服务策略。对于偏远地区的村民，可以通过搭建移动式数字文化服务平台，如流动图书馆车、无线宽带覆盖等方式，将文化资源直接送到其身边。针对老年人、残疾人等特殊群体，应提供专门的辅助设施和服务，如大字体阅读器、语音导览系统、无障碍通道等，确保其能够无障碍地享受数字文化服务。此外，还可以开展定期的培训和指导活动，帮助其掌握数字技能，提高自主使用能力。

（二）推广乡村数字文化活动

在推动乡村文化振兴战略中，高度重视并积极组织各类数字文化活动旨在充实乡村居民的精神文化生活，其有力地推动乡村文化遗产的传承与创新发展。具体而言，可以充分利用现代信息技术手段，策划一系列在线展览活动，如数字化农耕文化展、民间艺术瑰宝展等，打破地理空间的局限，让村民无论身处何地都能轻松参与并享受到高质量的文化熏陶。这种展览形式不仅能拓宽乡村文化传播的边界，使得传统与现代、本地与外地的人群都能共享乡村文化的瑰宝，而且也能为乡村文化的深度挖掘、创新表达和广泛传播搭建一个开放包容的数字舞台。举办数字艺术创作比赛是另一项富有成效的尝试。赛事以摄影、短视频、数字绘画等各种数字化艺术载体为媒介，鼓励村民积极参与文化创新，用独特的视角记录并诠释乡村的自然风光、人文景观及日常生活点滴。这些作品不仅能丰富乡村文化的内涵，赋予其新的生命力，还通过互联网平台的广泛传播，提升乡村文化的外在吸引力，吸引更多外界人士关注并热爱上这些独特的乡土艺术。此外，还应充分利用新媒体平台的影响力和传播力，将乡村文化推向更广阔的社会舞台。具体而言，可以借助抖音、快手、微信等新媒体平台的力量，开设专门介绍乡村文化的官方账号，定期发布高质量的内容。这些内容可以包括乡村的风光介绍、民俗活动的精彩瞬间、传统手工艺品制作过程等，旨在展现乡村文化的独特魅力。通过精心策划和制作的高质量内容，迅速吸引大量外部关注，从而有效提升乡村文化的知名度和影响力。同时，直播互动的形式也是一个有效的推广手段。直播平台可以让外界直观地感受到乡村生活的魅力。观众可以参与农事体验活动，了解农作物的种植过程；也可以观看传统文化表演活动，感受传统文化的独特韵味。这种沉浸式的体验方式能极大地增强互动性和参与感，使得乡村文化不再仅仅是村民的"自留地"，而是成为全社会共同关注和分享的文化瑰宝。

（三）强化农村传统文化数字化保护

数字化记录与保存技术能够为乡村传统文化的传承奠定坚实的基础。在当今信息化社会，建立全面且细致的数字档案库可以实现对乡村传统文化全面、系统地收集和整理。这项工作不仅包括对物质文化遗产的记录，如古建筑、传统手工艺品等，还应该涵盖对非物质遗产的挖掘与整理，如民间传说、口头文学、传统医药知识等。在具体实施中，数字技术通过运用文字、图片、音频、视频等多种形式的记录手段，尽可能地还原和保存乡村传统文化的原貌。这样不仅使得传统文化得以跨越时间和空间的限制而被永久保存下来，而且使得后代能够在任何时间、任何地点都能便捷地了解和体验乡村传统文化。特别值得一提的是高保真技术如高清摄像和3D扫描在乡村传统文化数字化保护中的应用。这些技术通过精确捕捉和记录文化元素的各种细节和特征，可以确保乡村地区的传统文化在数字化过程中的真实性和完整性。与传统记录方式相比，数字化保护可以避免因复制、转录等过程带来的信息损失或失真问题。这种方式能够更多地为后代保留宝贵的文化遗产，也能够为乡村传统文化的传承提供更坚实的基础。数字技术展示与传承则能够为乡村传统文化的传播和活化提供创新途径。虚拟重现技术的应用，可以让历史场景、传统工艺制作过程等得以生动再现，为村民和外界观众带来沉浸式的体验。这种结合传统与现代技术的展示方式，不仅能够增强传统文化的吸引力和感染力，还使得更多的人有机会了解和体验乡村传统文化。同时，通过开设在线课程和培训项目，不仅可以传授数字技术在传统文化保护中的具体应用方法，还能够据此培养一批具备数字技能的乡村文化传承人。这些传承人将成为推动传统文化活态传承与创新发展的重要力量，他们利用所学的数字技能，对乡村传统文化进行创新性的传承和发展，使其在现代社会中焕发出新的活力。这种结合传统与现代的方式，不仅让传统文化得以传承，更使其在传承中注入新的活力和创意。通过数字技术的展示与传承，乡村传统文化得以在现代社会中焕发出新的生机与活力。因此，这种结合传统与现代的方式，不仅能促进乡村传统文化的可持续发展，也能为人们更好地了解和传承中华优秀传统文化提供新的途径和方法。

三、切实推进公共服务数字化

（一）推广数字化医疗服务

推广数字化医疗首先体现在推广远程医疗服务，以均衡医疗资源并提升其可及性。要解决城乡医疗资源分布不均的问题，可以积极利用互联网与信息技术，精心构建一个全面且深入的远程医疗网络体系。这一网络能够打破城乡之间的地理阻隔，将城市中的先进医疗设备、技术及专家资源实时连接到偏远乡村地区，实现城乡医疗资源的深度融合与共享。在这一远程医疗网络中，城市大型医院的医疗专家可以通过高清视频、实时数据传输等技术手段，远程参与到乡村地区的诊疗活动中，进行病例讨论、远程会诊、在线培训等多种形式的医疗服务。即便身处交通不便、医疗条件相对落后的乡村，当地居民也能享受到来自城市专家的专业级诊疗建议和服务，以此极大地提升乡村地区的医疗服务质量和水平。远程医疗服务的推广与应用，对于提升医疗服务可及性具有革命性的意义。在物理距离上，远程医疗能极大地缩短乡村居民与城市优质医疗资源的距离。借助互联网技术，乡村居民可以足不出户，在家门口就能享受到来自城市专家的专业级医疗服务。这种打破地理限制的方式，不仅能极大地减轻乡村居民长时间排队等待、高额交通费用及长时间住院治疗带来的经济压力和生活不便，更关键的是让患者能够及时获得专业、准确的诊疗建议和治疗方案。更重要的是，远程医疗服务能提高医疗服务的效率和效果，使得医疗资源得以快速流动和共享。

推广数字化医疗还体现在建设乡村健康管理平台，以促进健康管理与疾病预防。可以建立乡村居民个人电子健康档案并实时监测记录健康数据，这些档案不仅包括个人的基本信息，如姓名、年龄、性别、家族病史等，更应该涵盖各类关键健康指标的实时数据，如血压、血糖、心率、血脂等生理参数。运用先进的可穿戴设备，如智能血压计、血糖仪、睡眠质量监测仪，以及智能手机应用软件，能够实时、自动且准确地收集这些数据，并自动同步至云端，形成连续、完整的健康数据流。不仅如此，为确保数据的真实性和时效性，这些电子健康档案还具备手动录入功能，允许乡村居民在需要时补充完善健康相关信息，如饮食、运动、睡眠质量、心理状态等主观感受指标，以及体检报告、就诊记录、药物服用情况等客观医疗数据。通过定期更新和持续追踪，这些档案就会成为一个全面反映乡村居民身心健康状况的动态数据库。

数字化医疗亦能够依托大数据和人工智能技术实现智能化健康管理与个性化建议。大数据和人工智能技术的运用使得对海量健康数据进行深度挖掘和精准分析成为可能。对实时监测到的各类健康数据进行关联分析、聚类分析、预测模型构建等多种算法处理，可以精确识别出乡村居民的健康特点、生活习惯、体质差异及潜在疾病风险。基于这些细致入微的分析结果，智能化健康管理平台能够为每一位乡村居民量身定制个性化的健康管理方案和预防建议。例如，针对高血压患者，平台会提出针对性的饮食调整和运动指导；对于糖尿病患者，平台则会提供专业的血糖控制策略及用药提醒。同时，平台还会根据实时监测数据动态生成预警信息，一旦发现健康状况出现异常迹象，将及时推送警示通知，促使乡村居民尽早采取措施调整生活方式，严重时寻求专业医疗帮助，从而实现疾病的早期发现与有效干预。这种基于大数据和人工智能的智能化健康管理方式，不仅能够极大地增强乡村居民的健康保护意识，提高其自我健康管理能力，还能显著提升疾病防控的效率和效果，有力推动乡村地区整体健康水平的提升，为建设健康乡村提供更强有力的技术支持和实践路径。

（二）推广数字化教育服务

利用在线教育平台可以极大地丰富乡村学生的教育资源。这一举措通过整合国内外优质的课程资源，能够为乡村学生搭建一个跨越地域限制的学习桥梁。在线平台不仅可以提供涵盖基础学科的全面课程内容，还可以融入丰富的兴趣课程和实践课程，以期满足学生多样化的学习需求。学生还可以根据自身的兴趣和实际需求，在平台上自主选择学习内容和时间，这种个性化的学习方式有助于激发学生的学习兴趣，提高学习效率。当然，在线教育平台的灵活性也能够充分适应乡村学生可能面临的种种挑战，如交通不便、资源匮乏等，确保其能够获得与城市学生相近甚至更好的教育资源，从而推动教育公平的实现。

开展教师培训是提升乡村教育质量的关键环节。针对乡村教师在数字化教学能力上的不足，组织专门的培训活动至关重要。这些培训旨在帮助教师掌握信息技术和在线教育平台的使用方法，包括教学设计、教学资源开发、教学评估等方面的技能。通过培训，教师可以更有效地利用数字化工具进行教学，提升课堂的互动性和趣味性，进而提高教学质量。更重要的是，这种培训能够极大地促进乡村教师观念的转变，使其更加重视和适应现代教育技术的应用，为乡村教育的数字化转型奠定更为坚实的基础。长远来看，教师数字化教学能力的提升将有助于缩小城乡教育差距，为乡村学生提供更加多元化、更高质量的教育服务，进一步促进教育公平的实现。

（三）推广数字化政务服务

推广数字化政务服务首先聚焦于政务服务数字化的深化与拓展。比如，构建全面覆盖的网上办事平台。积极引入并深度融合互联网、移动通信、大数据等先进技术，构建一个覆盖城乡、全天候运行的政务服务网上办事大厅。

这一平台不仅应在电脑端提供高效便捷的服务，更应适应乡村地区居民使用习惯，全面覆盖智能手机等移动设备，确保无论是在城市还是乡村，居民都能随时随地访问和使用各项政务服务，真正实现政务服务"触手可及"，打破传统政务服务的物理界限。同时，还可以通过优化服务流程达到目的，充分利用数字化手段的高效性和便捷性，对现有政务服务流程进行全面梳理和深度优化。通过精简审批环节、压缩办理时限、推行并联审批等方式，切实提升政务服务的整体效率。此外，还应积极推广电子证照、电子签名、在线支付等数字化工具，进一步简化业务办理流程，降低乡村居民的时间成本和经济成本，使其能够更快速、更便捷地完成各类政务服务事项，切实提升政务服务的便利度和满意度。

推广数字化政务服务还应致力于信息共享与流程智能化的实现。要实现信息的共享与流程的智能化，进而实现信息传递的流畅与及时，以此促进各部门的沟通与协作效率，建立健全部门间信息共享机制极其重要。在政务服务过程中，各部门之间的信息共享与协同是提升整体效能的关键环节。因此，需要打破部门间长期存在的信息壁垒和数据孤岛。政府通过搭建统一的政务数据交换平台，实现各行政部门内部系统对接、数据互通，确保政务信息资源得以有效整合和充分利用。这不仅能显著提高政务服务的便捷度和精准度，减少重复提交材料和反复跑动的情况，而且能为政府决策提供更为全面、准确的数据支持，推动决策科学化、精细化。引入智能技术提升服务体验也是较为切实可行的举措。人工智能和大数据技术的飞速发展为政务服务领域带来革命性的新机遇。借助这些先进技术手段，可以显著提升乡村居民获取和办理政务服务的质量与效率，构建出更为智能化、人性化的服务体系。例如，可以开发智能问答系统，利用自然语言处理技术实时回应乡村居民的各类咨询问题，提供精准、快速的答案反馈；同时，构建智能推荐系统，通过对乡村居民的历史行为模式、需求偏好以及信用记录等进行深度学习分析，主动推送与其生活和工作密切相关的政务服务项目和信息，实现个性化服务推荐。

这些智能化服务的实施，不仅能有效提升乡村居民对政务服务的满意度和获得感，也能在一定程度上减轻基层工作人员的压力和负担，进一步推动政务服务向更加高效、精准的方向发展。

四、完善乡村治理数字化模式

（一）建立数字化乡村治理平台

建立乡村治理数字化平台在推动乡村治理的智能化、信息化和精细化方面发挥关键作用。这一平台通过整合物联网、移动互联网等先进技术手段，可以实现对乡村人口、资源、环境、经济等多维度数据的全面收集，为乡村治理构筑坚实的"数字底座"。在此基础上，利用大数据分析技术进行深入挖掘和分析，不仅能揭示乡村发展的内在规律和潜在问题，还为后续的智能处理和决策支持提供有力的数据支撑。通过自动或半自动地生成治理方案、预警信息或政策建议，数字化平台也能极大地提升乡村治理的效率和精准度，使乡村管理者能够基于科学的数据分析做出更加科学、精准的决策。

乡村治理数字化平台的建立也能促进乡村治理的科学化和精准化水平的提升。科学决策是其中的一个重要方面，通过数字化平台，乡村管理者能够摆脱传统的主观判断和经验主义，转而依赖于数据驱动进行决策，从而大大提高决策的科学性和准确性。同时，这一平台还能实现精准施策，便于相关部门及工作人员根据不同乡村的具体情况和发展需求，制定并实施差异化的治理策略，使治理措施更加贴近实际、更加有效。例如，在农村环境治理方面，数字化平台可以精准分析污染源和污染程度，为制定和实施针对性的治理措施提供有力支持。此外，数字化平台还能增强乡村治理的民主性和透明度。通过在线调查、意见征集等方式，平台能为公众参与乡村治理提供便捷的渠道，使村民的声音能够更加直接地传递到决策者耳中，促进治理的民主化进程推进。

（二）智慧乡村安全管理

智慧乡村安全管理首先通过构建智慧安防系统强化日常安全与防范能力。一是视频监控的全面升级。在乡村的关键入口、交通要道、公共场所等区域广泛部署高清智能摄像头，形成覆盖全面的视频监控网络，不仅能实现全天候、无死角的监控，还借助先进的视频分析技术，自动识别并报告异常行为，如非法入侵、破坏公物等，进而显著提升乡村的安全防控水平。二是加强智能预警与风险防控。依托大数据分析技术，智慧安防系统能够深入分析历史数据，识别出盗窃、火灾等安全事件的高发时段和区域[①]。通过系统的提前预警，管理部门可以有针对性地加强这些区域的巡逻和监控，有效预防和减少安全事件的发生。同时，系统还能根据实时数据变化，动态调整预警策略和防控措施，确保安全防范工作的精准高效。三是建设高效的应急响应机制。在发生安全事件时，智慧安防系统能够迅速启动应急预案，自动调度周边资源如警力、消防等进行处置。同时，通过平台发布紧急通知，引导村民采取正确的避险措施，确保人民群众的生命财产安全。

智慧乡村安全管理还推动应急管理数字化以提升灾害应对与恢复能力。应急管理数字技术能实现灾害预警的精准化与及时性，例如，利用气象、地质等多源监测数据，结合大数据分析技术，对自然灾害进行精确预测和提前预警。通过短信、APP等多种渠道向村民发送预警信息，确保信息的广泛覆盖和快速传达，帮助村民提前做好防范准备，减少灾害损失。应急管理数字技术还能建立高效的数字化应急响应机制，通过数字化平台确保灾害发生时能够迅速启动应急预案、调动救援力量并合理安排救援资源，实现应急响应系统的快速响应与高效协同。该平台还能实时反馈救援进展和受灾情况，并对其进行全面评估和分析，包括受损程度、人员伤亡、经济损失等方面，为后续救援及灾后恢复重建提供科学依据和决策支持。同时，相关部门亦能通

---

① 王晓珊，刘鑫睿.乡村振兴背景下乡村社会治理对策研究［J］.佳木斯职业学院学报，2024，40（7）：95-97.

过平台发布灾后重建信息，引导社会各界关注和支持乡村灾后恢复工作，共同推动乡村的可持续发展。

第四节　为乡村数字化建设提供制度保障

一、加强组织领导

（一）建立高效的领导机制

应成立由政府牵头的乡村数字化建设领导小组，明确职责分工，确保各项工作有序推进。首先，为确保乡村数字化建设项目的成功实施，政府应成立一个由高层领导（如县长、市长）亲自挂帅的乡村数字化建设领导小组。这一举措既能彰显政府对乡村数字化建设的高度重视，也能为项目的后续发展提供强大的政治支持和动力。领导小组的成立，能够确保项目在决策、资源调配和推进过程中得到最高层的直接关注和指导。其次，应明确各成员单位的职责分工。领导小组在成立后，应立即着手规划并明确各成员单位的职责范围。这包括但不限于制定详细的责任清单，明确各部门在乡村数字化建设中的具体任务和目标。通过清晰的职责划分，确保每个部门和每位干部都清楚地知道自己需要做什么、如何配合其他部门，从而有效避免工作中的推诿扯皮现象，提升整体工作效率。为保障乡村数字化建设项目的有序进行，领导小组还应制定详细的工作计划和时间表。这些计划和时间表应涵盖项目的各个阶段、关键节点以及预期成果，确保各项工作能够按照既定的路线图和时间表有序推进。此外，领导小组还需建立有效的监督和评估机制，定期对各部门的工作进展进行检查和评估，及时发现问题并予以解决，以确保项目能够按时、按质、按量完成。这一系列的操作使乡村数字化建设项目能够在政府的强有力领导下，顺利迈向成功。

除了成立乡村数字化建设领导小组，还应建立部门协作机制，加强各级政府部门间的协调与配合，形成推动乡村数字化建设的合力。比如，建立健全部门间的沟通协调机制，有效推进乡村数字化建设。当然，这首先需要建立一个全面且高效的部门间沟通协调机制。这包括明确各部门的职责范围与协同点，设立专门的联络员或协调小组，以确保信息的及时传递与问题的快速反馈。定期召开联席会议是强化沟通的重要手段，会议上各部门可以就乡村数字化建设的进展、遇到的挑战及解决方案进行深入讨论，形成共识，并明确后续的行动计划。这种机制可以显著提升部门间的协作效率，确保各项工作有序进行。促进资源共享与优化配置对于助推乡村数字经济发展、提升乡村振兴发展质量高也有积极作用。在乡村数字化建设过程中，数据、技术和资金是不可或缺的资源。为避免资源的浪费和重复建设，需要积极推动各部门在这些方面的资源共享。具体措施可以包括建立统一的数据平台，实现数据的互联互通和共享利用；鼓励技术合作与交流，共同研发适用于乡村的数字化解决方案。同时，合理调配资金，确保重点项目和关键领域的投入，提高资金使用效率。资源共享与优化配置可以有效降低建设成本，提升整体效益。

（二）提升基层治理能力

提升基层治理能力需要加强乡镇、村级干部的培训，提升其数字化管理和服务能力。提升乡镇、村级干部的数字化管理和服务能力，可以有效提升其工作效率，优化乡村居民体验，推动乡村振兴发展。为积极推动乡镇、村级干部适应新时代的发展需求，提高其数字化管理能力和水平，应开展组织开展一系列专门的数字化管理能力培训。这些培训不仅包括数字平台操作、数据分析、信息安全等基础技能，还注重培养干部的数字化思维和创新能力。通过实战演练和案例分析，使干部们掌握如何运用数字技术进行管理和服务，如何利用大数据、云计算等先进技术手段来优化资源配置、提升工作效率和公共服务质量。在数字化管理能力培训的过程中，还应特别注重对基层干部服务意识的培养和强化。通过深入解读国家政策、学习先进经验、参与实践活动，使干部们充分认识到自己的角色定位及服务对象的需求期待。鼓励基层干部积极运用数字技术手段，主动发现和解决群众的实际问题，切实将数字化管理与服务群众紧密结合，提供更加个性化、精准化的服务，不断增强人民群众的获得感和幸福感。

除此之外，还应推动基层干部了解和掌握数字经济相关知识，提升其推进乡村数字化建设的积极性和主动性。知识普及是提升基层干部能力、理解并适应新时代乡村发展需求的关键环节。策划和组织一系列专题讲座和研讨会，可以系统地向基层干部普及数字经济的基本概念、发展趋势及其在乡村振兴中的重要作用。这类活动不仅有助于基层干部深入理解数字经济的内涵，如数据资源的重要性、信息技术的应用、数字化思维的培养等，还能帮助其把握未来数字化发展趋势，如5G、物联网、大数据、云计算、人工智能等前沿技术在乡村领域的广泛应用。除了必要的知识普及外，激发干部的工作积极性和主动性也极有必要。在此方面，深化对数字经济的认识是第一步，而让基层干部真正接受并主动参与到乡村数字化建设中来，才是推动工作变革的核心目标。因此，要鼓励基层干部结合本地实际情况，创造性地开展工作，如利用数字化手段优化公共服务、提升乡村治理效能、推动特色产业升级等。同时，建立健全激励机制，对在数字经济发展中表现突出的个人和团队给予表彰奖励，进一步激发其的工作热情和创新精神。

二、做好整体规划

（一）科学编制规划

科学编制规划，需要开展乡村数字化发展现状调研，全面了解乡村数字基础设施、产业数字化和公共服务数字化现状。为有效开展乡村数字化发展现状的调研工作，首要步骤是组建专业团队。这个团队应包含多领域专家，如信息技术专家、农业经济分析师、社会学家及政策研究人员等，以确保调研的全面性和深度。团队成立后，需明确调研目标、范围和方法，设计详尽的调研计划。接下来，实施多样化的调研方式以全面收集数据。这包括但不限于问卷调查、访谈、实地调查。问卷调查可以设计科学合理的问卷，覆盖乡村居民、企业、政府部门等多方面，通过线上或线下渠道发放，广泛收集关于数字基础设施普及情况、产业数字化应用现状、公共服务数字化体验等方面的第一手资料。访谈可以选取具有代表性的乡村领导、企业负责人、村民等乡村建设主体进行深入访谈，了解其对乡村数字化发展的看法、遇到的困难及期望，获取更具深度和洞察力的信息。实地考察则可以组织团队成员深入乡村，实地考察数字基础设施建设情况、产业数字化应用场景、公共服务数字化平台的运行情况等，直接观察并记录实际情况。在收集到大量原始数据后，就可以进入数据分析阶段，利用大数据分析技术，对收集到的数据进行系统性整理和清洗，去除冗余和错误信息，确保数据质量。随后，采用统计分析、数据挖掘、趋势预测等方法，对数据进行深度挖掘和分析。重点识别优势、劣势、机遇、挑战几个方面。一是优势，具体分析乡村在数字基础设施建设、产业数字化转型、公共服务数字化创新等方面的亮点和成功经验。二是劣势，旨在找出制约乡村数字化发展的关键因素，如基础设施不足、人才短缺、技术应用不广泛等。三是机遇，用以探讨国家政策支持、技术进步、市场需求变化等因素为乡村数字化发展带来的新机遇。四是挑战，针对性分析乡村数字化发展过程中可能面临的风险、挑战及应对策略。最后基于数据分析结果，编制乡村数字化发展规划。规划应明确发展目标、重点任务和保障措施，针对识别出的短板和挑战提出具体解决方案，同时充分利用优势、把握机遇，推动乡村数字化全面发展。规划编制完成后，还需组织专家评审，确保其科学性和可行性，为后续政策制定和实施提供有力支撑。

在制定乡村数字化建设规划时，首要任务是紧密结合乡村的实际情况，设定一系列清晰、可量化、具有前瞻性的发展目标。例如，在数字基础设施建设方面，要确保乡村地区网络覆盖面广、网速快，可通过提升 4G 网络质量、布局 5G 基站、完善光纤宽带网络等方式来衡量数字基础设施建设的完善程度。在产业数字化转型方面，要鼓励乡村传统产业如农业、林业、畜牧业等与现代信息技术深度融合，实现生产、加工、销售全链条的数字化管理，通过提高农产品电商交易额、降低物流成本、增加智慧农业应用场景等具体指标来评估成效。对于公共服务数字化水平的提升，则要关注教育、医疗、社保、文化等公共服务领域的信息化建设和优化，如在线教育资源共享、远程医疗服务普及、电子政务高效便捷等。围绕上述发展目标，应当进一步细化并锁定乡村数字化建设的重点领域和关键项目。在网络基础设施建设层面，不仅要持续扩大网络覆盖范围，还要着重提升乡村网络服务质量，确保高速稳定的网络环境成为乡村振兴的坚实支撑。在农业数字化转型方面，要推动农业种植、养殖等环节的智能化改造，利用物联网、大数据、人工智能等技术手段实现精细化管理，提高农业生产效率和产品品质。此外，还需要建立健全乡村数字治理体系，通过数字化手段提升乡村治理效能，包括但不限于构建乡村信息服务平台、推进乡村政务信息化等措施。为确保上述发展目标的顺利实现，必须精心规划一套详细可行的实施步骤和策略。在政策支持方面，应出台一系列鼓励乡村数字化建设的优惠政策，如财政补贴、税收减免、项目审批绿色通道等。在资金投入上，需引导社会资本参与乡村数字化建设，设立专项基金，保障项目的顺利推进。在人才培养上，要加强乡村数字技术人才队伍建设，通过教育培训、技术交流等形式提高当地人才的技术水平和创新能力。在技术创新方面，要鼓励企业、高校和研究机构在关键技术领域进行研发攻关，为乡村数字化建设提供强大的技术支撑。

（二）分阶段推进实施

分阶段推进实施，首先要制定分阶段实施计划，明确短期、中期和长期目标，有序推进乡村数字化建设。就短期目标而言，在当前阶段重点在于加强乡村地区的基础设施建设和初步应用推广。具体而言，应致力于扩大网络覆盖范围，确保每一个乡村都能享受到便捷的网络服务；提升宽带速率，让乡村居民也能体验到高速的网络生活；积极推广智能手机和智能设备的应用，如智能家居、智能农业等，让科技为乡村生活带来更多的便利和乐趣。这些举措将为乡村数字化发展奠定坚实的基础，让科技真正走进乡村，服务于民。就中期目标而言，在完成短期目标的基础上，进一步深化产业数字化，推动农业生产经营智能化、管理服务精准化。引入先进的物联网技术、大数据分析等手段，实现农业生产过程的智能化管理，提高农业生产效率。同时，建立精准化的管理服务体系，为乡村居民提供更加个性化、高效化的服务。此外，还需培育乡村数字经济新业态新模式，如农产品电商、乡村旅游数字化等，利用"互联网＋"、大数据等现代信息技术手段推动乡村产业升级和转型。就长期目标而言，在实现中期目标的基础上，致力于实现乡村全面数字化转型，构建智慧乡村治理体系。通过数字化手段提升乡村公共服务水平和居民生活质量，让乡村居民也能享受到与城市相媲美的公共服务和生活品质；促进城乡融合发展，缩小城乡差距，实现乡村振兴战略目标。

其次，在试点先行的基础上，总结经验，逐步推广，确保乡村数字化建设取得实效。在推进乡村数字化建设的过程中，首要任务是精准识别并科学选取一批条件较为成熟、具有代表性的乡村或区域作为试点对象。这些地区应具备一定的基础设施条件，如稳定的网络基础设施、较高的互联网普及率等；同时，还要有积极的政策环境支持，以及愿意接受新技术、敢于创新的领导团队和村民群体。在此基础上，因地制宜地开展数字化发展模式的探索工作，充分考虑当地的经济结构、资源禀赋、文化特色等因素，力求打造出具有地方特色的数字化发展路径。在试点工作推进过程中，需建立一套完善的定期评估机制。通过对试点乡村或区域的数字化建设项目进行定期回访、检查和总结，系统梳理项目实施过程中的成功案例与有效做法，剖析其背后的内在逻辑和适用条件，从而提炼出可复制、可推广的成功经验模型。在成功经验的基础上，积极启动推广计划，将经过实践检验的数字化发展模式扩散至更广泛的乡村地区。通过政策引导、技术支持、资金扶持等多种方式，鼓励和推动各地在遵循统一标准的前提下，结合本地实际情况进行创新实践，确保新的数字化发展模式能够在不同的地理、文化和经济背景下生根发芽，最终实现带动整个乡村地区数字化建设进程的目标。

三、构建评价体系

（一）制定评价标准

制定科学合理的评价标准，需要综合考量多维因素来全面评估乡村数字化建设的现状与潜力。这包括但不限于以下三个方面。一是数字基础设施。这是乡村数字化建设的基石。应重点考察网络基础设施建设情况，如光纤入户率、4G/5G 网络覆盖率及宽带速率，这些直接关系到乡村的信息通达能力。数据中心与云计算平台的布局情况也是关键，其能为乡村提供数据存储、处理和分析的能力。此外，智能终端的普及率也需关注，因为其直接影响到村民接触和使用数字服务的便捷性。二是产业数字化。乡村的农业、工业及服务业的数字化转型程度是评估数字经济在乡村渗透力和推动力的重要指标。具体来说，可以关注：智能农业技术的应用率，如无人机喷洒农药、智能灌溉系统等；农产品电商销售额占比，这能反映农产品销售方式的转变；乡村企业数字化管理水平，如 ERP 系统、CRM 系统的使用情况；乡村旅游在线预订量，这代表乡村旅游业的数字化发展趋势。三是公共服务数字化。公共服务领域的数字化水平直接关系到乡村居民的生活品质。我们应关注教育、医疗、养老、文化等领域的数字化进展，如：远程教育平台的使用情况，是否能让乡村孩子享受到优质的教育资源；在线医疗咨询量——能否方便村民获取专业的医疗建议；智慧养老服务平台覆盖率——能否为老年人提供便捷的生活服务；以及数字文化资源获取的便捷性——能否丰富村民的精神文化生活。

制定评价标准的同时，还要确定关键评价指标，如网络覆盖率、数字经济占比、数字服务利用率等，全面反映乡村数字化建设成效。在推进乡村数字化建设的过程中，为科学、全面、深入地评估和衡量乡村数字化建设的实际成效，不仅应构建一套完善且具有针对性的评价标准体系，而且这套体系应当涵盖多个关键评价指标，使得乡村数字化建设的成果能够通过具体、直观的数据呈现出来。具体来说，在网络覆盖方面，评价标准应包括乡村地区互联网接入速度、宽带普及率及 4G/5G 等新一代通信技术的覆盖范围，确保乡村居民能够享受到与城市相当的信息通信服务；数字经济占比，即乡村地区数字产业增加值占 GDP 的比重；数字企业在乡村产业中的参与程度，反映乡村经济对数字化技术的依赖程度和数字化转型的水平；等等。

数字服务利用率是衡量乡村数字化建设成效的重要指标，包括但不限于电商服务平台在乡村的普及和应用程度，以及各类数字化生活服务，如在线教育、远程医疗、智慧旅游等，在乡村地区的推广和使用情况。信息化设备普及率则是指乡村家庭和企业中电脑、智能手机等基本信息化终端设备的拥有率，以及公共场所免费 Wi-Fi 的覆盖情况，直观展现乡村信息化硬件设施的建设成果。

在教育资源均衡化方面，评价指标还包括数字教育资源丰富度，即通过网络平台为乡村学生和教师提供的教学资源数量和质量。远程医疗服务覆盖率则是衡量乡村地区通过远程医疗系统与城市医疗机构连接的程度，以及远程医疗服务在乡村基层医疗卫生机构中的应用情况。

政务服务在线办理率是评价乡村政务服务数字化改革的重要指标，包括行政许可、公共服务等事项，通过网络平台实现线上办理的比例能充分体现乡村政务服务便捷化、透明化的程度。这些评价指标还能共同构成全方位、多层次的乡村数字化建设评价体系，为推动乡村振兴战略实施提供有力的量化依据和决策参考。

（二）建立评价机制

建立评价机制分为两个方面：定期评价与第三方评价。一方面，建立定期评价机制，定期对乡村数字化建设进展进行评估，及时发现问题并调整措施。具体来说，可以设定为每年至少进行一次全面的年度评估，或者根据实际情况需要，每季度开展一次季度评估。通过运用定量与定性相结合的评价方法，对乡村数字化建设的各个方面进行深度剖析和全面评估，如对基础设施建设、数字化技术应用、公共服务覆盖、数据资源共享、网络安全防护等多个维度的进展情况进行全面评估。年度评估或季度评估的过程，不仅是对过去一段时间内工作成果的总结和反思，更是对未来发展规划的预判和指导。通过系统梳理各项指标完成情况，仔细查找存在的短板和不足，如某些区域网络覆盖仍存在盲点、数字化人才队伍建设滞后、数据资源整合利用效率不高等问题。针对这些问题，结合专家评审意见及实际反馈，及时调整和优化后续的工作策略与资源配置。

另一方面，通过第三方评估机构对乡村数字化建设进行独立评估，确保评价结果客观公正。第三方评估机构作为独立的法人实体，其核心职能在于利用专业的知识、技术和资源，对乡村数字化建设的各个环节进行深度剖析和科学评判，确保建设成果能够真实、准确地反映在实际的评估结果中。为实现这一目标，第三方评估机构将组织一支由行业专家、技术人员和项目管理专家组成的团队，运用国内外通行的评估标准、方法论及最新的科技工具，全面系统地评估乡村数字化基础设施建设、数字化公共服务、数字产业发展和乡村振兴战略实施等情况。在评估过程中，第三方评估机构不仅会对硬件设施如网络覆盖、信息终端设备等进行量化测评，还会深入挖掘和评价软件服务层面的效能，包括但不限于农村电子商务、在线教育、远程医疗、智慧农业等领域的应用水平和服务质量。同时，第三方评估还会关注如何通过数字化手段推动乡村治理体系现代化，以及如何借助数字技术解决乡村民生问题，以促进城乡差距缩小，助力乡村全面振兴。通过引入第三方评估机制，乡村数字化建设过程中的问题和不足能够得到客观呈现，进而为政府部门制定和完善相关政策提供科学依据，为各类企事业单位投资建设和运营数字化项目指明方向，也能为广大农民群众参与数字化生活、共享数字化红利搭建有力平台，共同推动我国乡村数字化建设迈入更高层次、更高质量的发展轨道。

参考文献

[1] 朱海华,陈柳钦.数字经济为乡村产业振兴赋能 [J].学理论,2024(4):49–53.

[2] 吕锡月,吴俊杰.数字经济、乡村产业振兴与农民共同富裕 [J].统计与决策,2024
(15): 11–15.

[3] 仇裴如.数字技术赋能乡村振兴路径选择 [J].现代化农业,2024(8): 56–58.

[4] 王博然.数字经济赋能乡村振兴的路径探究 [J].北方经贸,2024(8): 12–14, 31.

[5] 闫欣,马芊红.乡村振兴视域下数字经济赋能乡村产业转型升级的路径与政
策启发 [J].农业经济,2024(8): 10–12.

[6] 段藻洱.乡村振兴背景下数字农业的发展机理与优化路径研究 [J].农业经
济,2024(8): 25–27.

[7] 李娜.数字乡村建设总体框架:何以可能与何以可为 [J].农业经济,2024(8): 56–59.

[8] 杨中贵,王晨.乡村振兴背景下美丽乡村建设的数字化路径与模式研究 [J].农业
经济,2024(8): 70–72.

[9] 孙建竹.数字经济赋能乡村生态文化旅游融合发展研究 [J].农业经济,2024
(8): 73–75.

[10] 胡可鑫.数字经济背景下乡村农产品直播带货现状及优化策略研究 [J].商场现
代化,2024 (16): 28–30.

[11] 刘洋,孙超扬.乡村振兴背景下数字农业发展的对策探析 [J].当代农村财

经, 2024 (8): 49–54.

[12] 任重, 李昕. 数字经济发展对共同富裕的影响研究 [J]. 边疆经济与文化, 2024 (8): 14–20.

[13] 郜惠. 数字经济背景下德州乡村旅游发展研究 [J]. 当代县域经济, 2024 (8): 86–87.

[14] 邬煦. 乡村振兴背景下数字乡村建设的现实困境与推进路径研究 [J]. 山西农经, 2024 (14): 30–33.

[15] 吴风云, 吴丽, 丁俊仁. 数字经济与乡村振兴质量的实证研究——以四川省 2004—2022 年 18 个地级市面板数据为例 [J]. 西南农业学报, 2024, 37(9): 1950–1958.

[16] 张红宇. 数字化助力乡村产业发展转型升级 [J]. 广播电视网络, 2024, 31(7): 9–24.

[17] 高蒙飞, 张囡囡. 辽宁省数字经济赋能乡村振兴的影响机制与空间效应 [J]. 时代经贸, 2024, 21(7): 15–19.

[18] 邓泓, 王祖明, 何雯洁, 等. 数字技术助力乡村振兴的掣肘与突破路径 [J]. 智慧农业导刊, 2024, 4(15): 23–26.

[19] 姚倩. 模糊集定性比较分析方法下数字经济驱动乡村振兴的组态路径 [J]. 湖北农业科学, 2024, 63(7): 244–249.

[20] 刘俊巧, 张勇, 王晨. 数字经济与乡村振兴的互动关系——以长江经济带城市群为例 [J]. 吉首大学学报 (自然科学版), 2024, 45(4): 86–91.

[21] 陆曼曼. 乡村振兴背景下广西农村数字金融人才培养路径研究 [J]. 村委主任, 2024 (14): 240–242.

[22] 李云. 以数字经济"指挥棒"奏响乡村振兴"新乐章"[J]. 村委主任, 2024 (14): 133–135.

[23] 李昊诺, 赵霞. 数字经济赋能乡村振兴——理论机制与实证检验 [J]. 技术经济

与管理研究, 2024 (7): 43–49.

[24] 胡仙芝, 陈元. 乡村振兴视域下数字生态文明建设的内涵、问题及对策 [J]. 新视野, 2024 (4): 97–107.

[25] 李圆圆, 推张静, 马超. 数字经济发展与乡村振兴——要素流动和吸收能力视角下 [J]. 商业经济研究, 2024 (14): 88–91.

[26] 经纶, 杨梦. 新时代乡村产业振兴的学术探索与研究展望 [J]. 中南林业科技大学学报 (社会科学版), 2024, 18(2): 60–69.

[27] 徐梦晗. 数字经济赋能乡村振兴的现实基础与路径探析 [J]. 北京农业职业学院学报, 2024, 38(4): 46–51.

[28] 马荣荣. 数字经济赋能乡村农产品电商直播发展探析 [J]. 长春师范大学学报, 2024, 43(7): 53–58.

[29] 李秋燕. 数字经济背景下农村电商助力乡村振兴路径研究 [J]. 中国市场, 2024 (20): 182–185.

[30] 兰海霞, 张帼帼, 南心怡. 数字经济助力实现农业农村现代化——基于电子商务视角 [J]. 商业经济, 2024 (8): 104–108.

[31] 吴云志, 郑泽众. 数字经济赋能新时代乡村振兴的逻辑机理 [J]. 农业经济, 2024 (7): 64–66.

[32] 王树娟, 董慧. 山东省农村数字经济赋能乡村振兴: 作用机理与实证检验 [J]. 聊城大学学报 (社会科学版), 2024 (4): 95–103.

[33] 赵秋红. 数字经济下农村电商助力乡村振兴的研究 [J]. 山西农经, 2024 (13): 75–77.

[34] 石宏伟, 蒋宁宁. 乡村振兴视域下数字乡村发展的对策研究 [J]. 农场经济管理, 2024 (7): 24–28.

[35] 周思惟, 刘少华. 数字化赋能乡村振兴的内在机理、存在问题与对策思考 [J]. 山西农经, 2024 (13): 26–28, 155.

[36] 张甜甜. 数字经济赋能乡村振兴路径研究 [J]. 山西农经, 2024 (13): 107–109, 113.

[37] 李鹏, 富潇睿, 陈语春, 等. 数字经济赋能乡村振兴对林业劳动者的就业效应研究 [J]. 林业经济, 2024, 46 (5): 64–78.

[38] 冯清林. 数字乡村建设赋能乡村振兴的作用机制与保障路径 [J]. 当代农村财经, 2024 (7): 6–10.

[39] 张晓霞. 乡村振兴战略背景下乡村产业经济发展对策探析——以乌兰察布市商都县为例 [J]. 经营管理者, 2024 (7): 74–75.

[40] 王伟. 数字经济赋能城乡融合发展：理论分析与实证检验 [J]. 西南民族大学学报 (人文社会科学版), 2024, 45(7): 89–101.

[41] 张铁宝, 李桂娥. 数字乡村战略下山西省农产品智慧供应链创新发展研究 [J]. 物流科技, 2024, 47(13): 115–116.

[42] 李治燕. 数字经济赋能乡村振兴路径探索 [J]. 合作经济与科技, 2024 (17): 20–21.

[43] 黄君华, 邹昌洋. 数字经济赋能乡村产业振兴的路径研究 [J]. 南方农机, 2024, 55(13): 123–125, 155.

[44] 吴豫阳, 王鹏. 数字经济赋能乡村振兴的逻辑机理与实现路径 [J]. 当代县域经济, 2024 (7): 62–65.

[45] 叶粉玲. 数字经济与农村经济融合发展研究 [J]. 山西农经, 2024 (12): 52–54.

[46] 文墨, 李萌. 探究数字经济赋能乡村振兴的有效性 [J]. 中国商论, 2024 (12): 28–31.

[47] 张文珂, 张琳雪, 万立全, 等. 数字经济促进乡村共同富裕的现实路径 [J]. 南开经济研究, 2024 (5): 14–30.

[48] 刘红峰, 刘惠良, 邓家飞, 等. 共同富裕视域下数字经济赋能乡村振兴发展水平测度研究 [J]. 湖南农业科学, 2024 (6): 91–97.

[49] 魏冬梅, 邵晗宇, 董晨夕. 数字经济支持河北省乡村振兴的现状、障碍及对策研究 [J]. 甘肃农业, 2024 (6): 56–60.

[50] 王姿叶. 数字经济赋能山西乡村产业振兴的路径探析 [J]. 黑龙江粮食, 2024 (6): 102–104.

[51] 陈昊杰, 刘小红. 以数字经济赋能江苏省乡村振兴的价值意蕴及实践路径研究 [J]. 中国农业综合开发, 2024 (6): 59–62.

[52] 巩艳红, 高金城, 庞洪伟. 数字经济助推西藏乡村产业振兴：理论机理与实证检验 [J]. 商业经济研究, 2024 (12): 180–184.

[53] 邵莹莹, 花俊国, 李冰冰. 数字经济对城乡融合发展的赋能效应与机制研究 [J]. 农业现代化研究, 2024, 45 (3): 477–487.

[54] 刘雪敏. 数字经济赋能乡村振兴的理论分析——基于马克思主义政治经济学视角 [J]. 技术经济与管理研究, 2024 (6): 52–56.

[55] 赵宏伟, 赵志营, 赵玉帛, 等. 数字经济赋能河南乡村振兴路径研究 [J]. 市场瞭望, 2024 (12): 19–21.

[56] 薛海波, 魏明航, 程晓燕, 等. 乡村振兴背景下智慧物流与数字乡村协同发展研究 [J]. 沿海企业与科技, 2024, 29(3): 80–90.

[57] 喻晓社, 游琪. 数字文旅推进乡村振兴的逻辑与进路 [J]. 南昌大学学报 (人文社会科学版), 2024, 55(3): 99–108.

[58] 王国喜, 姚雨春, 张一帆, 等. 数字经济赋能乡村振兴的现实困境与对策研究 [J]. 河南农业, 2024 (12): 4–6.

[59] 曾志诚. 数字生产力赋能乡村振兴的优势、挑战及进路 [J]. 江汉大学学报 (社会科学版), 2024, 41(3): 5–14.

[60] 李卓恒, 马璐瑶, 王艺. 数字经济赋能农业高质量发展的理论逻辑与实证检验 [J]. 商业经济, 2024 (7): 27–31, 47.

[61] 朱雯, 邱镱. 数字经济与乡村产业融合发展的内在逻辑、现实困境与路径优化 [J]. 农业科技通讯, 2024 (6): 26–30.

[62] 魏鑫. 乡村振兴背景下数字经济对乡村经济发展的影响 [J]. 黑龙江科

学, 2024, 15(11): 162-164.

[63] 黄宏武, 谢秀珍. 数字经济驱动乡村产业振兴的政策机制研究 [J]. 现代农业研究, 2024, 30 (6): 113-117.

[64] 邱萍. 数字经济时代农村电商助力乡村振兴路径 [J]. 山东农业工程学院学报, 2024, 41(6): 75-79.

[65] 黄玲. 乡村振兴战略下甘孜州农牧业数字化转型路径探究 [J]. 四川民族学院学报, 2024, 33(3): 80-87.

[66] 叶攀. 乡村振兴战略背景下中国乡村数字化研究 [J]. 农村经济与科技, 2024, 35(11): 173-175.

[67] 陈峰. 乡村振兴背景下农村经济高质量发展的愿景、困境与进路——以云南省为例 [J]. 农村经济与科技, 2024, 35(11): 78-81.

[68] 孙全爽, 乔惠波. 数字经济促进农村产业振兴的内在机理与实施策略 [J]. 农业与技术, 2024, 44(11): 126-130.

[69] 张跃, 魏强, 李文标. 贵州省数字经济与乡村实体经济融合探究 [J]. 中国商论, 2024 (11): 30-34.

[70] 庄洪艳. 数字经济对乡村振兴高质量发展的影响及路径分析 [J]. 中国集体经济, 2024 (17): 24-27.

[71] 陈秋娜, 蒋晶. 数字经济背景下振兴乡村电商直播基地建设研究——以广东工贸职业技术学院电商直播基地为例 [J]. 商场现代化, 2024 (13): 50-53.

[72] 杨务鸿. 基于乡村振兴背景下数字农业高质量发展的路径研究 [J]. 农村实用技术, 2024 (6): 28-29, 32.

[73] 严海益. 数字经济促进乡村振兴的影响研究 [J]. 村委主任, 2024 (11): 180-182.

[74] 吉泽男, 王鹏程. 黄河流域数字经济对乡村振兴影响的空间效应与机制 [J]. 地域研究与开发, 2024, 43(3): 29-35.

[75] 黄娇, 苏圣乔. 浅谈以共同富裕为导向的乡村振兴数字化发展 [J]. 西部财

会, 2024 (6): 47–49.

[76] 张炜鑫. 数字经济赋能乡村产业振兴浅议 [J]. 合作经济与科技, 2024(15): 36–37.

[77] 蒋抒博, 唐銮煜, 胡爽. 数字经济赋能乡村振兴的现实困境与优化路径 [J]. 商业经济, 2024 (6): 1–3, 19.

[78] 徐荣. 数字经济赋能乡村产业融合发展策略研究 [J]. 中国商论, 2024(10): 30–33.

[79] 黄娇. 数字经济对我国乡村振兴发展的影响研究 [J]. 山西农经, 2024(10): 62–64.

[80] 夏文明, 章玲义, 翁剑峰, 等. 数字化赋能乡村振兴的作用机理与实施路径研究 [J]. 现代园艺, 2024, 47(11): 171–173.

[81] 杨子晗, 王思博, 慕钰文, 等. 乡村振兴背景下"东数西算"赋能甘肃省数字乡村发展研究 [J]. 寒旱农业科学, 2024, 3(5): 410–414.

[82] 唐琼, 龚晨程. 数字经济助推乡村振兴高质量发展的经验借鉴与路径思考 [J]. 探求, 2024 (3): 78–86, 110.

[83] 代丽芳. 数字经济赋能乡村产业振兴的内在机制与路径研究 [J]. 海峡科技与产业, 2024, 37(5): 72–75.

[84] 王璇. 数字经济赋能乡村振兴的实现路径研究——以甘肃省永登县为例 [J]. 甘肃农业, 2024 (5): 42–45.

[85] 张进, 班晓倩. 数字经济背景下乡村人才振兴策略探究——以贵州省为例 [J]. 财富时代, 2024 (5): 63–65.

[86] 刘淑萍. 数字经济发展对乡村振兴的影响及机制分析 [J]. 贵州社会科学, 2024 (5): 152–160.

[87] 张芳山, 李露瑶, 陈杰. 数字经济对乡村振兴发展的影响及机制研究 [J]. 林业经济, 2024, 46(3): 78–96.

[88] 熊金武, 侯冠宇, 张震宇. 数字经济赋能乡村振兴：理论机制、关键堵点与实现路径 [J]. 改革与战略, 2024, 40(3): 87–96.

[89] 袁宝龙, 唐子云. 湖南省数字经济与乡村振兴耦合协调研究 [J]. 中南林业科技

大学学报 (社会科学版), 2023, 17(6): 91–103.

[90] 刘巧, 马晓荣. 数字化技术助推乡村振兴的途径与实践研究 [J]. 农村经济与科技, 2023, 34(24): 149–152.

[91] 王东方. 数字经济赋能廊坊地区乡村振兴的路径与策略研究 [J]. 山西农经, 2023 (24): 148–150.

[92] 刘志. 数字经济时代乡村旅游创新发展研究 [J]. 湖北开放职业学院学报, 2023, 36(24): 9–10, 13.

[93] 谢哲毅. 数字文旅赋能乡村振兴的实践进路探析 [J]. 对外经贸, 2023 (12): 62–65.

[94] 刘菱华, 闫书书, 李依檬, 等. 数字经济引领乡村振兴的路径研究——以汉中市汉台区老君镇为例 [J]. 粮油与饲料科技, 2023 (2): 111–113.

[95] 程莉, 王伟婷, 章燕玲. 数字经济何以推动乡村生态振兴? ——基于中国省级面板数据的经验证据 [J]. 中国环境管理, 2023, 15(6): 105–114.

[96] 汪振, 唐惠敏. 数字下乡 : 乡村产业振兴的技术实践与风险规避 [J]. 农村经济, 2023 (12): 53–61.

[97] 王丹, 孙雪梅, 高音. 数字经济赋能乡村振兴的作用机制、存在问题及路径 [J]. 乡村科技, 2023, 14(24): 17–20.

[98] 唐红星, 李萌, 赵紫如. 数字经济背景下的乡村旅游与乡村振兴 : 现状分析与对策研究 [J]. 西部旅游, 2023 (24): 10–12, 16.

[99] 杨晨曦. 数字经济背景下乡村旅游商业模式创新路径研究 [J]. 商业观察, 2023, 9(36): 33–36.

[100] 张鸣, 凌云. 数字普惠金融助力乡村振兴对策思考 [J]. 工程经济, 2023, 33(12): 74–80.

[101] 赵静. 数字经济赋能乡村振兴的内在机理与实现路径 [J]. 山东农业工程学院学报, 2023, 40(12): 68–72.

[102] 王倩柔. 数字经济背景下农村经济发展研究 [J]. 山西农经, 2023 (23): 58–60.

[103] 赵丹. 数字经济背景下乡村振兴的难点及对策建议 [J]. 中国管理信息化, 2023, 26(24): 101–103.

[104] 郝妙, 江成程. 数字乡村建设赋能乡村振兴的实现路径——基于四川省宜宾市兴文县数字乡村建设的案例研究 [J]. 重庆行政, 2023, 24(6): 32–35.

[105] 康美. 数字经济赋能乡村振兴：困境与进路 [J]. 农村实用技术, 2023(12): 51–53.

[106] 张绍武. 我国数字经济与农业经济有效结合途径 [J]. 财经界, 2023 (35): 15–17.

[107] 杨建仁, 何芳健, 王鹤. 信息化建设、数字经济与乡村振兴 [J]. 统计与决策, 2023, 39(22): 51–56.

[108] 魏冬梅. 数字经济促进乡村振兴的机理、障碍及策略研究 [J]. 山西农经, 2023 (22): 9–11.

[109] 李泽宇. 乡村振兴背景下数字乡村建设的四重维度探析 [J]. 农村经济与科技, 2023, 34(22): 145–148.

[110] 孙思琪. 数字经济赋能乡村振兴的现实困境及优化路径 [J]. 黑龙江粮食, 2023 (11): 122–124.

[111] 王桂荣. 数字经济赋能乡村振兴的现实基础和实践路径探讨 [J]. 南方农业, 2023, 17(22): 169–171, 178.

[112] 陈辉. 数字经济与乡村振兴新机遇分析 [J]. 广东经济, 2023 (16): 14–16.

[113] 曾霞. 数字经济与乡村振兴耦合协调研究 [J]. 统计与管理, 2023, 38(11): 47–55.

[114] 崔曼宁. 关于数字经济发展与乡村振兴耦合协调机制研究 [J]. 现代农业研究, 2023, 29(11): 76–79.

[115] 徐玲玲, 王锐. 乡村振兴背景下我国数字乡村的研究现状及趋势分析 [J]. 攀枝花学院学报, 2023, 40(6): 89–98.

[116] 赵德起, 丁义文. 农业数字化赋能乡村振兴的内在机理与优化路径 [J]. 辽宁大学学报 (哲学社会科学版), 2023, 51(6): 48–56.

[117] 马彩莉. 数字经济赋能乡村振兴的路径研究 [J]. 农村经济与科技, 2023, 34(21):

19–21, 32.

[118] 许春瑶. 数字经济助力乡村振兴的路径探析 [J]. 农村经济与科技, 2022, 33(24): 14–16.

[119] 杨晓冬. 数字经济推动乡村振兴探析——基于农村金融服务调节作用 [J]. 辽宁开放大学学报, 2022 (4): 91–94.

[120] 贺卫华, 赵琭嘉. 数字经济赋能乡村振兴：内在机理与实现路径 [J]. 石河子大学学报 (哲学社会科学版), 2022, 36(6): 14–21.

[121] 石玉华. 乡村振兴战略背景下数字乡村建设的新模式 [J]. 农业工程技术, 2022, 42(36): 81–82, 91.

[122] 易琛, 黄怡茹, 孙天洋, 等. 乡村振兴战略视域下湖北数字乡村建设与产业模式探究 [J]. 科技创业月刊, 2022, 35(增刊 1): 34–39.

[123] 王伞伞. 数字经济助力乡村振兴：必要性、困境和实践路径 [J]. 农业经济, 2022 (12): 22–25.

[124] 岑朝阳, 沈晶晶. 数字乡村建设推动乡村振兴的理据及方法论阐释 [J]. 农业农村部管理干部学院学报, 2022, 13(4): 25–31.

[125] 孙竹青. 数字经济推动乡村产业振兴的路径研究 [J]. 当代农村财经, 2022 (12): 20–22.

[126] 彭娟娟. 数字经济时代农村电商助力乡村振兴路径研究 [J]. 农村经济与科技, 2022, 33(22): 246–250.

[127] 胡雨. 湖南省数字经济与乡村振兴融合发展研究 [J]. 价值工程, 2022, 41(33): 21–23.

[128] 杨剑. 数字经济赋能乡村振兴的理论机制与实证检验 [J]. 新乡学院学报, 2022, 39(11): 23–27.

[129] 刘九如. 数字乡村是乡村振兴的战略方向 [J]. 中国信息化, 2022 (11): 6–7.

[130] 唐红涛, 陈捷. 数字经济推动乡村振兴的双重中介路径研究 [J]. 长沙大学学报,

2022, 36(6): 52–62.

[131] 王晓芳. 我国数字经济助推乡村振兴的研究 [D]. 太原：山西财经大学, 2023.

[132] 黄烨炜. 乡村数字经济与农民农村共同富裕研究 [D]. 南昌：江西财经大学, 2023.

[133] 余帆. 数字经济对乡村振兴的影响研究 [D]. 合肥：安徽财经大学, 2023.

[134] 曾素佳. 乡村振兴视角下数字经济对农民高质量就业的影响研究 [D]. 南昌：江西财经大学, 2023.

[135] 杨柳. 黄河流域数字经济对乡村振兴的影响研究 [D]. 兰州：兰州财经大学, 2023.

[136] 王宁. 数字经济促进乡村产业振兴的理论与实证 [D]. 兰州：兰州财经大学, 2023.

[137] 张晓玉. 中国数字经济与乡村振兴的协同效应测度研究 [D]. 太原：山西财经大学, 2023.

[138] 蒋蕊. 数字经济促进乡村振兴高质量发展研究 [D]. 重庆：重庆工商大学, 2023.

[139] 方宇丰. 数字经济赋能乡村振兴的影响路径研究 [D]. 杭州：杭州电子科技大学, 2023.

[140] 蒋泽坤. 数字经济对乡村振兴影响研究 [D]. 石家庄：河北地质大学, 2022.

[141] 农业农村部乡村产业发展司. 乡村产业振兴总论 [M]. 北京：中国农业出版社, 2022.

[142] 邓祥征, 宋马林. 乡村振兴与产业富民 [M]. 北京：科学出版社, 2021.

[143] 王鑫. 乡村振兴与农村一二三产业融合发展 [M]. 北京：中国农业科学技术出版社, 2020.

[144] 佩蕾丝. 技术革命与金融资本 [M]. 田方萌, 译. 北京：中国人民大学出版社, 2007.

[145] 李道亮. 中国农村信息化发展报告 [M]. 北京：电子工业出版社, 2018.

[146] 费孝通. 乡土中国 [M]. 北京：人民出版社, 2015.

[147] 赵春江. 农村信息化技术 [M]. 北京: 中国农业科学技术出版社, 2007.

[148] 魏后凯, 闫坤. 中国农村发展报告 [M]. 北京: 中国社会科学出版社, 2018.

[149] 官波. 农业信息服务体系建设研究 [M]. 武汉: 湖北人民出版社, 2014.

[150] 尼古拉·尼葛洛庞蒂. 数字化生存 [M]. 胡泳, 范海燕, 译. 海口: 海南出版社, 1996.

[151]Carlsson B. The Digital Economy: What is new and what is not?[J].Structural Change and Economic Dynamics, 2004, 15(3): 245–264.

[152]Yasmeen R.,Tian T.,Yan H., et al. A simultaneous impact of digital economy, environment technology, business activity on environment and economic growth in G7: Moderating role of institutions[J]. Heliyon, 2024, 10 (12): e32932.

[153]Kumar K. R., Senthamizhkumaran R. V., Alagendran S, et al. Advances in agricultural biotechnology: Enhancing productivity and sustainability in India : A review [J]. Journal of Scientific Research and Reports, 2024, 30 (7): 366–383.

[154]Marcelo M., Montfort M. The quality of the recent high–growth episode in Sub–Saharan Africa[R]. Washington, D, C: IMF, 2013.

[155]Ayobami O.K., BIN ISMAIL H N. Host's supports for voluntourism: A pragmatic approach to rural revitalization[J]. Australian Journal of Basic & Applied Sciences, 2013, 7(4): 260–272.

[156]Cloke P. Changing patterns of urbanization in rural areas of England and Wales, 1961—1971[J]. Regional Studies, 1978, 12(5): 603–617.

[157]Glaeser E. Learning in cities[J]. Journal of Urban Economics, 2017, 46(2): 254–277.

[158]Jacquet J.B., Guthrie E., Jackson H. Swept out: Measuring rurality and migration intentions on the upper great plains[J]. Rural Sociology, 2017, 82(4): 601–627.

[159]Knieps G., Vogelsang I. Digital economy and regulatory issues. Introduction[J]. International Economics and Economic Policy, 2007, 4(2): 101–107.

[160]Chen K.Q., Long H.L., Liao L.W., et al. Land use transitions and urban–rural

integrated development: Theoretical framework and China's evidence[J]. Land Use Policy, 2020, 92: 104465.

[161]Lewis W. A. Economic development with unlimited supply of labor[J]. The Manchester School of Economic and Social Studies, 1954, 22(2): 139–191.

[162]Liu Y., Fang F., Li Y. Key issues of land use in China and implications for policy making[J]. Land Use Policy, 2014, 40: 6–12.

[163]McGee T. G. Managing the rural–urban transformation in East Asia in the 21st century[J].Sustainability Science, 2008, 3(1): 155–167.

[164]Petry W. J., Drollest R., Polese M. Rural farmers' benefits from agricultural modernization in project[J]. Journal of Agriculture and Environmental Sciences, 2016, 75(3): 293–323.

[165]Tselios V. Urbanization and socioeconomic status in the European Regions: The role of population ageing and capital city regions[J]. European Planning Studies, 2014, 22(9): 1897–1901.

[166]Zhang L. Rural revitalization: Introductions for rural planning and development in East Asia[J]. Urban Planning International, 2016, 31(6): 1–7.

[167]Tapscott D. The digital economy：Promise and peril in the age of networked intelligence[J]. Educom Review, 1996, 5(6): 22–25.

[168]Kotarba M. Measuring digitalization–Key metris[J]. Foundations of Management, 2017, 9(1): 123–138.

[169]Register R. Ecocity Berkeley: Building cities for a healthy future[M]. Berkeley: North Atlantic Books, 1987.

[170]Tapscott D. The digital economy: Promise and peril in the age of networked intelligence[M]. New York: McGraw Hill, 1996.